马话日本

马挺 著
马维 绘

人民东方出版传媒
東方出版社

序一　日本的细节 / 何亮亮

马挺兄是同代好友，今年有《马话日本》问世，是中日交流的好事，值得向大家推荐。

中国人似乎对日本并不陌生。中国人到日本旅游，遇到彬彬有礼的日本人，看到街头巷尾的汉字，在饭店使用筷子，特别是在京都领略到唐朝风韵，感受与在其他地方是不同的。中国人与日本人之间，相互了解不算深。过去的说法，中日“一衣带水”、“同文同种”。前者形容地理位置，自是不错，后者则是误解，美丽的误解。

日本人、日本社会、日本文化，究竟是什么样的？其与中国人、中国社会、中华文化有什么不同？这些都要从微观处来比较。所谓魔鬼在细节里，只有通过细节的描绘和比较，才能有所认识。这是教科书无法做到的，即使是中国青年人喜欢的日本动漫或村上春树、东野圭吾，也无法充分反映。

马挺兄滞日三十余载，久居东京，行踪遍于东瀛各地，交游各界各年龄层的日本人，又有自己的故国生活与文化领悟。他从日本人的衣食住行、课堂与办公室、礼节、用语和称谓（包括国人不能望文生义的汉字），到日本人的民族性格和大众心理，攫取一个个细节，娓娓道来，为我们展示了日本的种种细节。以小见大，可以窥见日本人、日本社会和日本文化的深层切面。

我虽然到过日本多次，但不谙日语，与日本人交往也不深入，对日本绝不敢说了解，马挺书中的一些文章，尤其是他在香港报章发表的文章，过去读过，这次拜读《马话日本》，更加获益不浅。

中日文化的不同，以茶道为例，中国人的茶道如禅，追求的是茶的韵味，而日本的茶道更接近于仪式而非茶本身，这是读马挺《“乌龙茶”是大阴谋？》而产生的联想。马挺在《日本人不喜欢〈红楼梦〉》一文中指出的这个现象，也让人看到日本人在了解中华文化方面与中国人的差异。

马挺的文章似可归类于随笔，也是广义的散文。作者观察的细腻和文笔的诙谐，都很难得。中国作者特别是旅日中国文化人所撰写的有关日本的书越来越多，这是中国人主动认识日本文化的新趋势，而马挺兄此书别开生面，对日本有兴趣的朋友，读来一定会有助益。

马挺的爱女马维，从小生活在日本，后又去美国读书。她的画风有童趣，看来拙朴却很有意味，书中的画作皆出于马维之手。父女之间，文图相映成趣，也是本书一大特色。

以我在中国和日本书店的观察，近年来中国出版的有关日本的书籍越来越多，分类也越来越细，而日本的书店里有关中国的书籍无论是数量还是质量，都相形见绌，这是否说明中日两国民众对于彼此的了解出现了巨大反差？而这种反差又说明了什么？

是为序。

2017 年 5 月于香港

序二　日本的日常 /解玺璋

大约两三年前，马挺回国，我们见过一面，谈起他在国内一些报刊发表的日本文化随笔，觉得很有结集出版的必要。不久，就看到了《马话日本》原稿。这是一本中日文化比较谈，虽说是比较，却没有非要比出个优劣高低、美丑善恶的意思，而只是就语言习惯和行为方式谈到两个民族的差异。我曾读过几本谈论中日文化的书，或捧日而贬中，或虽不贬中，却也把日本说得一无是处。这种书读过之后，总有些疑惑不能释怀。

马挺笔下所呈现出来的日本则完全不同。在这里，日本表现为日常性，无论一种行为方式，抑或一个语词、一种说法，都是活在当下或以往的一种现象。他只是描述这种现象的特征和形态，并不加以褒贬，亦不带价值判断，体现了一个学者应有的客观、诚恳的素养。有时，他也会用自己的中国经验或知识背景，衬托一下他所讲到的日本的某些现象，读者则心领神会，中日之间的差异和差别瞬间了然于胸。

日本文化与中国文化固有千丝万缕的联系，近现代以来，双方在不同的轨道上，经历了现代化的洗礼，两种文化的关系变得更加错综复杂。有些在中国或已消失的文化元素，也许就沉淀在日本的某些语词和生活习惯之中。现在还能隐约感觉得到，虽然某个汉字还被当下日文使用，却已经不再保存这个汉字的本意。马挺在剖析这些现象时，总能将来龙去脉讲得清楚透彻。他的文章，短小精致，严谨而不失趣味，严肃而略显活泼，读来很是轻松。

马挺与我有同窗之谊，我们共同经历了大学四年的生活。当年的马挺就有一种对专业精神的强烈诉求。我们是学新闻的，有一次，北京站广场凌晨发生了爆炸案，住在附近的马挺迅速赶到现场，进行采访，据说比新华社记者到得还早。上课前，墙报栏里已经贴出了他写的配有新闻照片的现场报道。

我们读大学时，《读书》是大学生中最流行的刊物之一。

其中有陈原先生谈社会语言现象的一个栏目，好像叫“在语词的密林里”，从社会学的角度，谈一些语词和语言习惯的变迁，很有意思。后来还出过一本《语言与社会生活》，也是陈原先生的作品，内容与《读书》中的文章相近。也许，我们曾一起谈论过这些文章和这本书，也许没有，记不清了。不过，读《马话日本》，我会时不时地想起陈原先生的文章，觉得马挺似乎是得了陈原先生的真传。当然，他既非陈原先生的受业弟子，亦非私淑弟子，这不过是我的联想而已。

然而，二者在处理社会文化问题上，确有一脉相承之处，即都从语词与社会的关联入手，同时兼顾人的行为方式和风俗习惯，可谓深得文化三昧。何谓文化？有人或许以为，只有写成文字，印成书，才是文化。人们习惯把读了几本书的人称作“文化人”，就是这个意思。其实，文化有更广泛的涵义。

书中第一篇，讲日本人在日常生活中不习惯以爱来表达夫妇或男女朋友之间的感情，有需要说“爱”的时候，只说“喜欢”。“求爱”也不用在男女之间，而只用在动物之间，男女则用“交际”。如果有人要跟你“交际”，就是向你求爱了。由此，作者说到一个习俗，在日本下雨时，男士最好不要轻易邀请女士同用一把伞，而马挺作为老师，最尴尬的也是下雨时有女学生伸过伞来要与他同行。因为，在日本，自古以来就有在伞形记号下写上男女名字以示相爱的传统。

在书中，我还发现，日本人的称呼也很有意思。比如“先生”是不能随便叫的，如果不是教师、医生、律师，叫人“先生”则涉嫌骂人“肮脏政客”。这种心理倒有点像我们这里不喜欢别人叫自己“专家”。还有一篇说到日本人把学习称作“勉强”，在日本当老师，要学会“勉强”学生学习。意思是说，学生本没有学习的愿望，老师不得不强迫学生做他不喜欢做的事。其实，细想起来，以“勉强”为学习，也许正吻合了古人使用这个词语时的意思。古人认为，一个人，先是不知不能，可一旦有了知和能的愿望，就应当“勉强”。所以，董仲舒说：“勉强学问，则博闻见而知益明；勉强行道，则行日起而有功也。”

举出这几篇为例，无非是想收窥一斑而知全豹、一滴水而见太阳的功效，余既先睹为快，何不做一个“处处志之”的渔人，给后来者一些方便。

其实，再详尽的介绍，也可能挂一漏万、以偏概全，我也只能是尽一点绵薄之力，并以此为马挺新作的出版，表示一个老同学的祝贺。

目 录

01 | 日本人不说“我爱你”

最近，日本高龄名人结婚呈现高潮，又以 73 岁的原电视主持人山本文郎与年轻他三十多岁的对象的“年下结婚（大龄差结婚）”，最令人弹眼球。二十多年前，文郎曾担任她婚礼司仪。文郎数年前丧偶，女方去年离婚。有人问文郎，你对新夫人说“我爱你”吗？答曰：“怎么能不说？不说就要跑了！”

但日本人一般是不说“我爱你”的。日语里，或者说“大和语”中，没有“爱”这个字眼。当然，现代日本人是用“爱”的，这是从汉语引进的。比如“爱国”、“爱护”、“爱情（指广义的‘爱’）”、“爱人（注意：日语的‘爱人’是指‘第三者'意义的'情人')"等等。在翻译影片或小说中，也有把"I love you"译成"我爱你"的。但是，在日本传统的小说以及日常生活中，即使是夫妇、男女朋友之间，也没有"爱"，只有"喜欢"。

"喜欢"是翻成汉语了。日文写作"好（第四声）"，直译就成了"好你"。如果男的对女的说"好你"，那就等于说是"我爱你"了。有时候，连"好你"都不说，只说想跟你"交往"、"交际"，就等于是求爱了（当心：日本人"求爱"一词只用在动物之间）。

再傲慢一点儿的就用命令口气说"交际吧"。女方如果回答"好（第三声）"，这一对儿就算成了。我曾在一个女校教书，手下一帮女学生，几乎个个在校外都有了男朋友。只有一个比较文静的，一直"单身"。大家都很"关心"她，弄得当老师的都知道了。一天，大家说她也有了。一听缘由，原来是她参加的校际体育俱乐部的"先辈"，突然说要和她"交际"，她答应"好"，当场就板上钉钉了。

如果被拒绝当然是很尴尬的。但是，跟其他情况相同，日本人这时往往在句尾加个"但是……"。比如："想和你'交际'，但是……"，而且把这个"但是"拖得很长。日本人告

M·W

诉我，其实这时就是在观察对方的反应，一看对方不那么痛快，就马上跟上“不行吧”，或者“（你我）都很忙，有困难吧”，等等，遮掩过去，以保全脸面。

日本多雨。自古以来，就有在一个伞形记号下写上男女的名字，以示相爱，或爆料某两个人在偷情的习俗。直到现在，小学生起哄，还会偷偷在黑板上画上一把伞，下面写上两个人名字，给别人“拴对儿”。

所以，在日本，逢下雨天与女士同行，不要硬抢着给对方打伞。如果对方拒绝，或者已经打开了自己的伞，那意思就很明白了；不拒绝，甚至攥着自己的伞而不用，钻到你的伞底下，你倒可以有节制地“窃喜”一下。

作为老师，如果下雨没带伞，在校园里碰到教过课的女学生，伸出伞来，要与你同行，最为尴尬。

2008 年 5 月 15 日

02 | 日本人的“朋友”

日本人即使是“朋友”之间，也不用“我爱你”来表示爱情。但在日本的“汉语学界”，对“朋友”这个词，必须“严加注意”。

日文里极少用“朋友”，一般用“友达”这两个汉字。字典也好，教科书也好，“友达”都释为“朋友”。中国人都知道，不加修饰、限制的“朋友”，很大几率是指“男朋友”或“女朋友”。中国人的“交朋友”，就是“搞对象”嘛。

可是，日本人用“友达”所涵盖的范围，与汉语的“朋友”大有不同。比如，同班同校之间，不称同学为“友达”；可当中国人在普通意义上称“朋友”时，日本人称“友人”或“亲友”；而“男朋友”、“女朋友”则叫“彼氏”、“彼女”。

每逢碰到翻译“友达”时，我都要提醒学生注意，单纯“朋友”一词，在汉语里是有特定意思的。如果将“这是我的‘友达’”翻成汉语，一定要在“朋友”前加上限制、修饰词。比如“一个朋友”、“好朋友”，或者干脆就翻成“同学”，否则就会产生误解。

在日本的汉语教科书上，往往有这样的翻译习题，直译成中文就是“昨天我和‘友达’在新宿见面……”。如果在我课上学生将“友达”仅仅翻译成“朋友”就算错。我解释，“我和朋友在新宿见面”，中文的意思就是情人约会。

但是，老虎也有打盹儿的时候，这一不留神就闹出笑话来了：几年前，一个经济系学过汉语（不是我教的）的女学生找我：“马老师，我想暑假和‘朋友’一起去上海，参观浦东开发区。能帮我联系一下住宿和参观手续吗？”

我马上打电话给上海的亲戚：“我学生○○○子和她男朋友要……，给他们订个便宜的房间……”过了几天，亲戚打来了“投诉”电话：“搞萨个搞！格两个色本宁根本勿是‘旁友’关系！”（乱弹琴！那两个日本人根本不是“朋友”关系！）

枉教了十几年汉语，竟在小河沟里翻了船！

中日之间，这种“危险词”还有很多：日文的“手纸”是汉语的“信”；日本的“娘”不是妈妈，是“女儿”、“女孩子”，而“姑”则是“婆婆”——“姑娘上街”，成了“婆婆带着闺女买东西”；日本的火车叫“电车”，而你叫日本人乘“火车”，他死活不会去——“火车”在日语里是“着了火的车子”，比喻一个家庭或公司资金周转不开了。

在日本的工厂里，往往可以看到这样一条标语：“油断一瞬，怪我一生。”中国来的研修生吓了一跳：“说日本人残酷，果然不假。你看，一瞬间忘了加油，就要责怪我一辈子！”其实，“油断”是“疏忽”，“怪我”是“受伤”。这条标语的意思是：“因为一瞬间的疏忽，受了伤，可就是一辈子的事啊！”

2008 年 5 月 22 日

03 | 日本的“地震”与“老爸”

日本俗话说有“四大怕”——地震、打雷、火事、老爸。

地震、打雷不用解释，“火事”就是火灾。以前日本都是木造房子，一着火就烧一大片。“老爸”日文为“亲父”，是父亲的意思，我按国内的流行给改的。但“老爸”怎么会跟灾害放在一起了呢?

旧时，日本对男子有很多“限制”。比如不能多说话、不能下厨房、走路要目不斜视等，据说都是来自儒教。《孟子》里好像是有“君子远庖厨”一说，但中国古训也没不让人说话的教诲啊！可在日本，男人寡言却是美德。

当男人成了家，就更不得了了。回家跟妻子只说三句话，严格地讲是三个词：茶（渴了）！饭（饿了）！“风吕”（要洗澡）！

不但在家里，就是在办公室里，也有女职员专门管倒茶，称为“御茶汲”。日本公司各房间里往往都备有茶叶、茶具、茶桌和电暖瓶。“御茶汲”不但要记住谁用哪个杯子，还要记住谁喝烫的，谁喝温的，谁喜欢酽的，谁喜欢淡的。弄错了就免不了挨骂。

难道男人连杯茶都沏不了吗？

我曾在一家大饭店的人事部给他们培训研修生。人事部换了个新派的部长，一上任就规定，今后不许让女职员给沏茶倒水，想喝就自己倒。年轻人倒也没有怨言，但人事部屋里还有一位“取缔役”（指最高领导），官比部长大。过了两天，原来的“御茶汲”找部长汇报情况：“我昨天看见‘取缔役’拿个杯子去厕所打凉水喝。”虽然日本的自来水喝不坏肚子，但让“取缔役”喝凉水，未免……

“唉，那‘取缔役’的茶，还是麻烦你关照一下吧！”

日本男人，一旦成了鳏夫，沏茶、洗衣、买菜、做饭，一切都得从头学起。

学校老师休息室的女事务员也管倒茶。不过我往往抢着

自己倒。一是不好意思；二是倒给一杯浅浅的，不够喝。不过，说句真心话，一样的茶叶，沏得好的人，那茶就是好喝。

对儿女的事，日本老爸也是一推六二五，都交给妻子管。回到家里，不是歪在榻榻米上看电视，就是板着个脸，不知在想什么。一家大小也尽量不去招惹他，万一一句话没说好，脾气上来了，大骂一声“八嘎”，就回自己屋里去了，留下纸拉门震得沙沙响。

过一会儿，再拉开门觑一下，递上一杯茶，就好像什么也没发生过一样。

地震、打雷、火事、老爸发脾气——日本这“四怕”——都有一个特点，一发作就完，一咬牙就过去了。习惯了，也就不当回事了。日本人对老爸，对地震，都是这个态度。

这些年来，风气渐变。青年男子不但会做饭，还会带孩子。夫妇上街，爸爸抱着孩子的还真不少，但往往是用一个兜带绑在胸前。当年，女儿小时，我曾到处寻觅兜带而不得，现在都快成一种流行了。

2008年5月29日

04 | 阴盛阳衰

日本有一句话“亭主关白”，意思是丈夫（亭主）在家里专横跋扈。其实，这就是上一篇讲到的昔日日本男人的作派，在外边也是一样。

有一部讲日俄战争的电影《日本海大海战》，影片最后，击败了俄国舰队的日本联合舰队司令长官东乡平八郎，走在路上，板着个脸，低着个头，凡人不理。而夫人捧着小包，迈着碎步，跟在后面，替丈夫向致敬的路人点头哈腰，还礼不迭。这“跟在后面”有讲究：离开丈夫“三步”——不能太远，又不能踩着丈夫的影子。

不过，日本社会近年来是有些“阴盛阳衰”。男人如果再

らーめん

来这一套，就不太行得通了。

以前日本男人是不买东西的。穿的、用的都由母亲或妻子给准备好。好容易跟妻子出去一趟，还是羞羞答答，应付差事。

前几年，舆论提倡夫妇一块儿去超市买菜，就见超市里，明显是夫妇，却若即若离。老公好容易陪着来买一次菜，妻子当然兴高采烈。拿起一件商品，明知故问："我说他老爸，这是不是比平时便宜啊？"丈夫哪有每天逛超市的妻子精明啊，背着手，头也不回："嗯嗯，就是它吧！"赶紧左右看看，生怕让熟人撞上。老婆还没付钱呢，就赶紧出门，躲得远远的抽烟去了。

年轻人却是另一番情景。男的拿着筐，女的挑东西，两人还时不时凑在一块儿计算价钱，会意地交换一下眼神——这一定是新婚夫妇或同居的恋人。要是碰上几个男孩子，拿着个单子，一窝蜂似的照章购物，而且以熟食和炸土豆片等为主，那一定是为了开"party"，从不会做菜的女孩子那里领了任务来的。

日本崇西洋已久，但就是一样事情推行不开——"lady first"。男女上街，一定是女的拿着大包小包，有时还得背着个孩子，再牵着个孩子，狼狈地跟在空着手的男人后边小跑。

但最近年轻人之间也开始模仿“lady first”。由于未谙真谛，往往有些滑稽。闹市街上，女子短裙高跟，昂首阔步，黄发“少年”跟在后边，手里捧着个锃光瓦亮的手袋——殊不知，女人什么东西都可以帮着拿，就是这随身的挎包、手袋是“神圣不可侵犯”的。

其实，日本女性也不习惯被“first”。你给她开门，她千恩万谢；你让她先进电梯，她还要说一声“老师，真绅士啊”；一块儿走路，总是要走在你的“外手”（有车的一侧）。这一点，国内年轻女士似乎也不懂。一位女性来日本研修，带她上街，就非要走在靠马路那一边，挡都挡不住。

当然，真正的日本绅士不是没有。据说，现任首相福田康夫，至今（应该是当上首相为止吧）和夫人上街还要手拉手呢！前任首相安倍晋三，首次出访中国，牵着昭惠夫人的手下舷梯，亦是开日本“外交史”之先河。

2008年6月5日

05 | 日本人的“海量”

讲起中国到日本来的“研修生”，好像就是一部苦难史。不然！一个日本人就在我面前被中国研修生追得走投无路。

日本人喜欢“学以致用”，“学了就用”。有位要去中国的日本朋友到我这里冒出一句“俺是‘海量’”。我一把揪住他问：“谁教你的？”答曰：“字典上看来的。”我“义正词严”：“如果你到中国真敢说这句话，当心被中国人灌死！”

日本人老实，能喝就说能喝，就连女生也不讳言其“能”。我每每告诫学生：中国人说“海量”是称赞别人，没有人敢说自己是海量的。万一上了中国人的宴席，先说自己不会喝，然后再察言观色，一点点加量。否则就会被灌醉！他们眨眨

眼睛，似懂非懂。

中国的县级干部农业研修团访日，我帮着日方町干部们搞接待，可就忘了告诉他们，别在酒上和中国人较劲。一周下来，两边已是“酒”浓于“水”。最后一顿聚餐是饺子宴。我看气氛融洽，就躲到厨房喘口气。不想，町产业部长一头撞进来，满脸通红，一屁股坐在角落里喘气。只见一位研修生（某县长），举着半瓶酒追进来，拉起部长就要灌。我忙上去，好容易劝走了“县太爷”，回头再看那位部长，还心有余悸，不肯回餐厅。

中国人也有“丢脸”的场面。

我曾工作过的某电视台中文班，一帮中国“哥们儿”，除我之外，各个“海量”。大概是尽喝日本清酒，嘴里都要“淡出鸟来了”，就兴起了“二锅头热”，而且是要喝老牌60度的。日本没得卖，就发动探亲的往回带。连我这不喝酒的，也要带上两小扁瓶“上贡”。

叫来日本人，斟上两盅二锅头，说声“干杯”，此厢一饮而尽，亮出杯底。对方看着和清酒并无两样，也就一仰脖，只觉一股热流穿心过肚，一时竟说不出话来。趁着此时，开导一番：这才是真正的中国白酒，60度！比你们的烧酒厉害多了，云云。

一次，受一位中国女主播的日本老公之请，到他们的海滨别墅度周末。我值班，赶到别墅，已是散席之时。但见一副惨景：资深翻译兼主播沈君，坐在桌旁，扬扬手："你来啦"，摆了个要站起来的样子，却又坐下了；以嗓音浑厚著称的王君喊了一声："刚到啊"，可一听就知道，舌头僵了；播音专家吴某，边走螃蟹步边跟我打招呼，可眼神根本没有聚上焦。

只有那位日本老公，还是悠然地用筷子在盘间啄来啄去，杯子与冰块的撞击声从他手中传出——正是他发明了"二锅头加冰"，放倒了中文班的精英。听夫人们讲，二锅头加上冰块，喝着可顺了，但不曾想……

日本老公举杯："马先生，请，加点儿冰。"

"我来点儿'啤'的吧，二锅头，不管加冰不加冰，统统地不行！"

2008 年 6 月 12 日

06 | 醉酒与“千鸟足”

中国人形容喝醉了酒的人“脚底下绊蒜”；日本人不爱吃蒜，则喻之为“千鸟足”。千鸟是一种只有三根前脚趾没有后脚趾的海鸟。走路内八字，磕磕绊绊，很像醉鬼。

中国人以醉酒为耻，被人灌倒，就会留下笑柄。掩饰还来不及，更不会去宣扬。而日本人则比较宽容，甚至可说是“以醉为荣”。早上上班，见到同事，拍拍脑袋：“我‘二日醉’啊！（头天喝醉了，还没醒之意）”然后就一本正经地开始工作了。

我在日本企业培训要到中国去工作的日本人时，首先和他们“约法三章”：到了中国，一不许摸中国姑娘的屁股；二不许在中国部下面前喝醉了撒酒疯；三……（与本题无关，从略）。

日本人在工作时间不谈私事，要谈也要等到下班。也就是说，上班时没有个人之间的交流，要交流就等下班。三三两两，找一家小酒馆，叫上一两碟菜（不像中国人，一叫一大桌），先是啤酒，再来日本酒……喝上一两个钟头，埋单出门，再找一家，接着喝……

谈工作，谈见闻，谈私事，边喝边谈，直至东倒西歪。而喝醉的最大“好处”是可以“骂人”。可以骂同事，更可以骂上司（最好别当面骂，万一对方还没醉呢）。反之，上司在部下面前不掩饰醉态，没上没下，也是被认可的。尤其是在诸如“忘年会”、“新年会”等一个部门全体参加的场合，不知是因为酒能壮胆，还是“酒后吐真言”，甚至会有“上下对骂”的场面“助兴”。

日本人对喝醉后的言行可以不负责任（法律责任还是要负的）。第二天，顶多互相说声“二日醉”，上司照样趾高气扬，部下还是恭顺谦卑。日本人对此一点儿也不觉得奇怪。

“千鸟足”要是回家还好，就怕在末班车上睡着了。被拉到终点站，让列车员推醒，晃到站台长椅上，敞衣露怀地接

着睡。日本“小偷业”里就有专门一行是偷醉鬼钱包的。即使没被偷，深夜“打的”回家也得花不少钱。

碰上在车上发酒疯的，就更糟糕了。初到日本，一天从东京的涩谷乘车回家，见到有个空座，就坐下了。不想旁边是位喝多了的。他先是扭来扭去，浑身不舒服。接着就边拍大腿边盯着我看。我只好客气地向他咧咧嘴。他觉得找到了对话者，就和我“攀谈”起来。听出我的日语不地道（看来还没醉透），就问我是哪里人。

“中国来的。”

“怪不得！一看你就不是日本人，前庭饱满，眼睛这么亮……日本人？日本人就像我这样！八嘎（笨蛋）！”边说边一下一下地抽自己嘴巴，倒是弄得我“无地自容”了。再看周围，没有一个日本人对这场闹剧显出丝毫兴趣。

我明白刚才这个位子为什么空着了，从此上车再也不往有酒味的地方凑。

2008年6月19日

07 |“马鹿”与“阿呆”

上次提到了日本人骂自己是“八嘎”，也就是“八嘎雅鲁”的简化。不过日文写作“马鹿野郎”。

“马鹿”取自中国赵高“指鹿为马”的故事。也就是说，在日本“指鹿为马”的人，才是“八嘎”。当然是取其“傻瓜”、“笨蛋”，而非颐指气使、专横跋扈之意。“野郎”嘛，就只好去照字面理解了，但也并不一定是贬义。比如，对野性十足的长途货运卡车司机，就称“拖拉克（truck）野郎”。NHK 还播放过一部电视纪录片《中国，拖拉克野郎》，跟踪拍摄了一位中国货车司机，日夜兼程，从东到西，横跨半个中国的送货全程。

日本人在日常生活中，一般多只用前半的“八嘎”，如果把“八嘎雅鲁”都骂全了，意思就比较重了。

时间长了，我也渐渐学会骂“八嘎”了，而且主要是骂我的日本学生们（诸君：为师在这里向各位道歉了）。因为，“八嘎”还有“小笨蛋”、“小傻瓜”、“糊涂虫”等略带亲切的语感。只要骂的是地方，学生们听了还会挺高兴的。

一次课上，一个学生上来板书，写错了偏旁，让我指出来了。他却摸摸头，要回座位去。我叫住他：“回来，改喽！八~嘎！”在同学们的哄笑中，他只好回来擦了重写一遍。

不但日本“八嘎”的语感比中国的“国骂”要轻一些，而且日本人骂人不像中国人那么花哨。我在日本除了“八嘎雅鲁”之外，还没听见过什么像样的骂人话。

倒是还有一个“阿呆（发音近似‘阿祸’）”的说法，程度和“马鹿”不相上下。不过也得注意，要是把“马鹿”和“阿呆”搅和在一起就麻烦了。

一位半拉中国人半拉日本人的汉语老师告诉我，有一次，他在课上“骂”一个女生“马鹿”。下了课，那学生找上来说：“老师，以后别骂我‘马鹿’，骂我‘阿呆’吧。”这位老师恍然大悟，原来这孩子是从大阪到东京来上学的。因为对于不同地方的日本人，“马鹿”与“阿呆”的轻重程度不同。

像东京附近关东一带出身的人，被骂“马鹿”可能会感到亲切，要是“阿呆”那就是真正的傻瓜、笨蛋了。到了以大阪为中心的关西地区，则是“阿呆”满天飞，要是随便骂“马鹿”，人家就要跟你打架了。日本有一个很有名的笑星“秋刀鱼”，就是关西人，他在电视节目里就经常是满嘴的“阿呆”。

当然，上课时不能先问清了对方是从哪里来的再骂，所以还是少骂为佳。

骂惯了，有时也骂自己是“马鹿”。在日本倒不要紧，人人都这么骂。可是回到国内，就不行了。闭目养神时，突然想起自己干过的一件傻事，一拍脑袋：“八嘎！”再一睁眼，发现被国人怒目而视，这已经有过几次了。

2008年6月26日

08 |“眼上眼下”话“君”子

上一篇中，我称我的学生“诸君”。“君”这个字，在日本大有讲究。

“君”，当然来自汉语。日语称“君子”也和中国一样，有尊敬之意。我到日本不久，听到有老师叫我“马君”，心头一热，活了半辈子，总算有人把我当“君子”了。后来才明白，称某人为“君”，除了亲切（犹如国人称“小马”），更多的是居高临下。

日本人的相互称呼方式，有很严格的区分。其标准就是“眼上眼下”。日文原为“目上目下”，或“先輩後輩”。

中国人一提“先辈”就会想起“烈士”来。就算改成“前辈”，那也得差“一辈儿”才行吧。可是，日本人早一年，早一天，甚至前脚后脚，就是“先辈”，就是“目上”。“目上”就是比你地位高的，要抬起眼睛来看的人；对“目下”，当然就是“× 眼看人低”了。

比如，对新生来说，二年级生就是“先辈”、“目上”，就要称呼“○○ sang（没有汉字）”或“○○先辈”，而“先辈”对“后辈”、“目下”的称呼，就叫“○○君”。

日本老师上课时，点男生就叫“○○君”，如“加藤君”

等，但是我坚持以汉语直呼其名，就算是有机会用日语叫“加藤君”之类，也叫不出来。回国看到有关日本的电影、电视剧里“○○君”用得比较乱，才明白自己对“君”还是保留着中国人的理解。

当然不止称呼，日常生活中，先辈也是趾高气扬，指使后辈做这做那；后辈就只得俯首帖耳，被先辈指使得晕头转向。我曾为日本一家著名连锁酒店培训去上海工作的职员。一位学员，去上海当了一年行李员领班，回到店里，“惊魂未

定”似的问我，难道中国人“后辈”不需要尊重“前辈”吗？我问其详。他举例：在上海那家酒店的行李员休息室里，经常看到，刚进公司不久的“后辈”，斜躺在沙发上，同事进门，不管是“先辈后辈”，用手一指：“诶，把那瓶可乐递给我”，云云。

日本的“先辈”不只是要威风，还要“看”后辈的“面倒”（关照后辈）。小到喝咖啡、吃饭时要连“后辈”的钱一起付，大到毕业后进了公司，后辈来求职，还要为其疏通关系，上下奔走。反正“先辈”一声不是白叫的，对“看面倒”不好的，就会失去后辈的尊重。

在“后辈”看来，要办什么事，只要有“先辈”，好像就成功一半了。那“先辈”听到“后辈”，特别是女性的“后辈”甜甜地叫一声“先辈”（用日语叫很入耳），还没说什么事，“先辈”就已经是痒酥酥的了。

日本人倒是不强要后辈“感恩”。因为先辈本身也是受了他先辈的“恩”，而有义务再把“恩”施与后辈。后辈也不必报恩，因为后辈也有更“后辈”的在等着他去“施恩”呢。

2008 年 7 月 3 日

09 | 令人讨嫌的“先生”

日本老师称男学生为“○○君”，对女学生则称“○○ sang”。学生称老师“先生”。

可在日本被人叫“先生”并不一定是好义。“先生”不全等于“Mr. ○○”或“sir”。除了对老师、医生、律师等是一种尊称，政治家也喜欢人家称他先生。女性议员也如是。而厌恶政治、政客的人嘴里的“先生”往往有讥讽之意。

我曾在一家公司教中文，学员都是成年人，就叫他们“○○先生”。一个学员告诉我，日本人对不是教师的“先生”，都有一种“肮脏政客”的印象。那叫什么呢？叫“sang”！

可就是这个“sang”最没感觉。因为没有汉字，摸不清怎

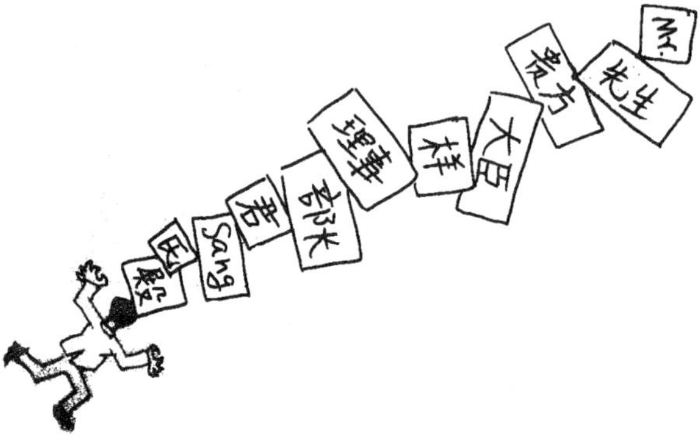

么用。后来才明白，不便加别的称呼的都可以称“sang”，不管年纪大小。

有位媒体朋友，他当部长，我就称他“〇〇部长”，当上理事，就称他“〇〇理事”，但等他退了休，就不知称什么好了。下了狠心，称“〇〇 sang”，倒也显得自然。而他一直是叫我“马 sang”。

日本人的名字一般可以辨别男女，而且点名簿上都标有性别，所以上课点名，称“sang”称“君”，不会叫错。但有的学校讲究“消除男女差别”，不标性别。英语老师干脆把学生名字改成“约翰”、“玛丽”之类的，而我则用汉语点名。但按中国习惯只叫“佐藤”、“高桥”，而不加后缀，在日本是犯“大忌”的。

日本人只有两种情况“直呼其名”，一是特别亲近的人，再就是犯人之类。前些日子，法务大臣鸠山宣布对三名死囚执行死刑，就是直呼其名。但对涉嫌者就得用“○○容疑者”，据说是“准敬称”。对小偷称“泥棒 sang”，就有些揶揄的味道了。

作为姓名的后缀，不管是“君”、“sang”、“样”、“殿”、“氏”、“tyan（音近‘羌’，主要用于女孩子）”、“女史（女士）”……都属“敬称”，而且有级别，要根据自己与对方的关系及亲疏程度择级使用。“总理”、“大臣”等官职也算是一种敬称。不过，新闻报道，尤其是文字稿，逢人用敬称就太啰唆了，只好不用，但在文末一定要加上“（文中敬称略）”之类的说明，以免失礼之嫌。

夫妇之间一般称“贵方（女对男）”或“oi（男对女，相当于‘嘿’或‘诶’）”。要是用敬称了，那就是夫妇不和了，用的级别越高，不和的程度就越厉害。因为敬称越是级别高，就表明相互距离越远。

所以，我在第一课教学生自己姓名的汉语读音前，一定要说明，中国的习惯，老师对学生是直呼其名的，没有失礼的语感。

学生一般叫我“马先生”，或只称“先生”。但是过不多久，熟了，就“反‘马’道而行之”，直呼“Ma ~ Ting ~”，甚至就是“Ma（四声）”。大概是学英语学出毛病了吧！

2008年9月10日

10 | 全校皆“君”子

在日本的大学里，学生称老师“先生”，老师叫学生“君”。但庆应义塾大学却只有一位“先生”，其余所有老师、学生，都是“君”。

提到日本的大学，庆应就没有东京大学、早稻田大学那么为国人所知。其实庆应和早大在日本都是一流大学，地位、名声不相上下。要说历史，庆应创立时间比早大还早了25年，被认为是日本第一所私立大学。

再说创始人。庆应是福泽谕吉；早大是大隈重信。后者是“明治维新”功臣，当过首相，但88%的日本小学生知道福泽，而知道大隈的不到30%。知道明治天皇的也不过38%。

重要原因是最大面值的日元钞票——一万日元上的头像，就是福泽谕吉。

福泽谕吉出身九州岛。他的名字来自汉学家的父亲得到的一部乾隆皇帝《上谕条例》。福泽早年苦读汉籍，1854 年十九岁时，到日本当时的“对外开放特区”长崎，学习“兰学”。兰学是“荷兰学”之意，被认为是当时传入日本最先进的科学。四年后，福泽到江户（现东京）开设一家私塾，教授兰学。他到横滨逛街时发现，满街的英文招牌都看不懂，才知荷兰文已不吃香了，又赶快自学英文到了可以教授的程度。他的“兰学塾”也就改为“英学塾”。

“庆应义塾”命名是在十年后的庆应四年（1868），但这一小小的义塾，却开了日本私立大学之滥觞，到今年正好 150 周年。而庆应的“校长”至今还称“塾长”。

福泽曾赴美国、欧洲考察。回国后，著书介绍西洋银行、邮政、征兵、选举、议会等方面的制度和文化，成为明治维新的理论先驱之一。维新后，他远离政治，专注教育，创办了《时事新报》，主张“不偏不党”，成为当时的“主流媒体”之一。庆应大学的校徽是两只交叉的笔尖，体现了福泽深知日本人尚武而呼吁“以笔胜剑”、“以文抑武”的思想。

福泽在日本被誉为启蒙思想家和教育家，庆应大学也就成了日本启蒙思想和教育的重镇。他在庆应是“神”，没人敢说他的坏话。而在校内只要单称“先生”，就是指福泽，以下皆为“君”。

据庆应大学的解释，创塾不久，有的塾生就开始边学边教，兼有师生两种身份。而对福泽来说，却都是门下弟子——君。延至今日，先辈后辈、老师学生还一律称“君”，表现出庆应大学师生平等的特色。

日本大学老师因公事、私事、生病等，可以不讲课，称“休讲”。学生进教室前，一定会看一下告示板，上面往往写着“○○先生 × 日 × 节课休讲”，而庆应大学的则是“○○○○君休讲”。和庆应无关的日本老师多有不知道这一奇闻的，我第一次看到时也吓了一跳：“难道学生请假还要贴告示？”

2008 年 7 月 17 日

11 | 日本大学老师的“休讲”

日本的大学里，老师可以随便“休讲”——不上课。生病、参加学会、家里有事等，都可以成为“休讲”的理由，而不必找人代课。当学生听到老师要“休讲”，就会高呼“万岁”。

初到日本，在庆应义塾大学学日语。听到有的老师“休讲”，就很不习惯。同班的欧美同学就更加愤愤然——要学校退还学费。仔细想想，有名大学，学费不菲，汗珠子摔八瓣挣来的钱，一纸“休讲”告示就泡汤了？

早早贴出告示，或者事先通知学生“休讲”，还算好的。有时候，在教室里坐了半天，左等右等老师也不来，跑到楼下一看告示——老师突然“休讲”！因为“休讲”的手续很简单：老师一个电话打到教务处，说声“身体不好”之类，职员也不问详情，道一声“多多保重”，就会给贴出“休讲”告示。上课前几分钟才通知“休讲”的也大有人在。以后就学乖了，一定要先看一下告示栏，再进教室。

“休讲”原则上没有次数限制，如果被问到要不要“补讲”（日本的大学专门在期末设几天“补讲日”），只要说已经让学生多交作业代替，就可以不补了。

日本的公休日较多，当然放假，但大学还有各自的全校统一“休讲”。校庆、校际棒球赛……就连著名校长的生日（如福泽谕吉），都是笃定“休讲”一天。而“校园祭”则放假一周。

另外，“自然灾害”也“休讲”。学校规定，如因地震、暴雨、事故，交通混乱，按 NHK 的报道，到几点为止某条线路列车停驶，或上午或全天“自然休讲”。去年日本流行麻疹，很多大学就干脆封校，放假一周。

假期、“休讲”多了，就惯出毛病来了。如果一个月里碰不上一次“休讲”（今年六月就有 5 个星期一），老师之间就会嘀咕：这个月真累啊！最怕的是忘了“休讲”，老远跑到学校，望着空荡荡的校园，那懊恼劲就别提了。

也有“不识相”的人，“休讲”起来没个完。日本人，不说是不说，要等说出口就不客气了。东亚某国的一个老师，刚受聘第一个学期，就“休”了一半以上的课，让教务处的职员在教师休息室当众教训了一顿。现在，很多学校规定一个学期顶多“休讲”两次，超了，就必须“补讲”。

日本的大学生大多“意不在学”，在享受人生也。学费又都是来自父母，“休讲”就成了玩的好机会，当然“万岁”。但是“补讲”，尤其是没有“休讲”而要补讲，就像要他们的命。

我二年级下学期的课一定要上 13 次才能完成，而今年数来数去只有 12 节。上学期期末（日本 4 — 7 月是上学期），跟学生“提示”了一下 12 月底“补讲”的“可能性”，就已经有人在跟我“龇牙咧嘴”了。

2008 年 7 月 24 日

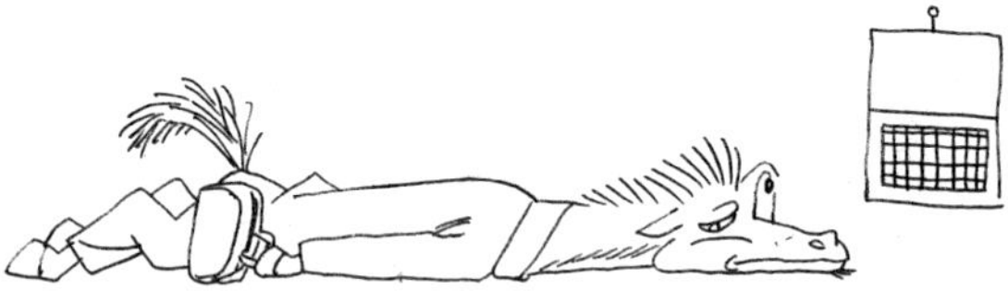

12 | 日本人的“勉强”

要说日本人不爱学习，国人大概会感到意外。但是，我的感觉是，没有比日本学生更讨厌学习的了。证明之一，就是日本人把学习叫“勉强”。在日本当老师，就是要“勉强”学生学习。尤其是大学生，不勉强就不学。

日本孩子直到高中，不管是不是勉强，还是得卖力气学。只要考上大学，就松了一口气，要开始享受“人生唯一的长假”了。这“长假”实际上只有两年半，因为从三年级第二学期开始，他们就要到处去找工作了。

日本企业在招人时，不注重你学什么，成绩如何，而是看你是哪个学校的。能考上好大学的，就说明是“脑子好”，会“勉强”，有能力。至于能不能学以致用，没关系。进了企业，反正得按企业的一套培训，进行全面再教育。

就业，对日本人来说，就是走进人生的地狱。低声下气地干上三四十年，就算能平平安安退休，也是人老珠黄，玩不动了。只有大学最初几年，是享受人生的最后机会。

我曾经问过一个班的学生，为什么上大学。回答各种各样：为参加课外活动；为了交友；为了玩；因为爹妈让他来上的……甚至有人是来学喝酒的（不是指酒量，而是以喝酒作为交际的手段，在日本不可或缺），就是没有说来学习的。

所以，日本大学生以凑学分、能毕业为最大目标。学生的杂志和网页，都有专门评论教师的栏目，其标准就是取得学分的难易度。

对我的评价是，对一年级是“神”——容易得到学分，而对二年级是“鬼”——不认真学就不行。好在早稻田大学学中文的多，电脑抽签，强行分班，没有学生挑老师的份儿。每年第一课，我的第一句话往往是“哈哈，恭喜你们撞在我手里了”。学生们毛骨悚然，教室里一片寂静。

各校风气不同，“勉强”学生的方式也有区别。比如，对庆应大学的学生，要他们下周交作业，不必废话。学生们虽

然不高兴，却也不说什么，一个礼拜后，全体乖乖地交上来，质量还不错。

可在早稻田大学，你还没说什么作业，下边就叫起来了：忙啊；作业多啊；有课外活动啊……等说明了内容，就更不得了了：不行，不行，绝对完不成……你一瞪眼，假装要拍桌子，他们就一哄而散了。到了下个星期，倒也是乖乖地交上来，内容也过得去，可总有两三个人找出各种理由不交：印刷机坏了；U盘读不出来了；教科书找不到了等等。最后一招，干脆不来上课，拖到下周再说。

但不管什么样的班级，总有几个真正要学习的。每次上课坐在前列，一对对小眼睛盯着你听课。有时累得真想打个电话“休讲”，想想为了这些“小眼睛”，也只好咬咬牙，到学校继续逼着学生们“勉强”。

2008年7月31日

13 | 我的“甲级战犯”们

上篇谈到，学生评价我“对一年级是‘神’；对二年级是‘鬼’”。从学校评价教师的网页上，引用一段做证：

“（马老师的中文课）二年级，作业太多，真够呛。一年级好像还可以。不过，因为发音不好，让老师盯上的人，就被认定为‘甲级战犯’，每次课上都得被点名背课文，可怕！”

这是事实。

日本学生学外语，大多有一种错觉：只要按日语的罗马字母去读（如英语），或用假名标记读音（如汉语），就可以了。但这样读出来都是日语味儿。用日文假名标中文读音，在我的中文课上是从一开始就严令禁止的。而且，针对日本人学

甲
甲
甲

外语，只重视语法、翻译，不顾及口语、会话的毛病，我则要求他们多说多背。

可是总有那么几个学生，就是不听你的。上课不张嘴，下课不复习，叫起来一问三不知。所以，我每次上课都要小测验。对日本学生来说，写汉字没有大问题，语法也不是太难。小测验的内容就是背上一次学过的课文。

学生们摸准了我是按名册顺序叫，估计快叫到自己了，前一天才开夜车复习。可是，老师哪能让学生给琢磨透了！突然来个无规律点名，就有人背不下来，那成绩就是不及格。得了不及格，以后每次都要被叫到——这就是我班上的“甲级战犯”——直到某一次得到满分，才能摘掉“甲级”帽子。“杀”一儆百，定下几个“甲级”，每次一上课就先叫他们背诵。每课必背也就成了全班的“共识”。

“甲级战犯”不能定的太多。课文都是两人的对话，一次课顶多考上三四对。每次光叫“甲级”，就没有时间考别的学生了。有时碰到背得不顺畅的，就先警告一下：“下次再背不好，就送你去 ×× 神社！”

还有跟我讲价的：“老师，别给我定‘甲级’吧！”“那就‘乙级’！”“‘乙级’也不行，不是照样……”还用手在脖子上比划一下。别看这些学生不爱谈论过去，但很明白，历史上，“乙级”和“甲级”一样是受极刑的。

带“甲级”帽子的往往是坐在教室最后、一上课就睡觉的男孩子。但去年也有一个女“甲级战犯”。她上课倒是一直坐在前排，也没有不努力的样子，可就是背不出课文来。“缓刑”了一次，还不行，只好定为“甲级”。

女孩子脸皮薄，每次叫她，都紧张得不行，四声念不准，总是背不好。开始大家还笑，但看到我绝不退让，每课必叫，渐渐都为她捏把汗。她也下了工夫，终于在临近期末时得到了“优”。当宣布她可以离开“××神社”时，她竟兴奋地举手做了一个“pose”，引得全班为她鼓掌。而期末考试她居然得了“优+”（早大称为“秀”）。这在我中文课“甲级战犯”史上，还是前所未有的。

2008年8月7日

14 | 日本的“鬼”“神”“灵”

日本的鬼和中国的好像不太一样。比如上次谈到学生说老师是“鬼”，是取自严厉、可怕，间或敬畏之感。但是，鬼没有一定的形象。

夏天，是日本讲鬼故事的季节。和中国的孩子们一样，明知没有鬼，偏要挤到一块儿听。尤其是炎热的夏夜，挤在一间小屋里，阴森森的，就讲起来了。紧要关头，有人一咋呼，惹得女孩子们大声尖叫，吓出一身冷汗——据说这就是日本人讲鬼故事的目的——小风一吹，就凉快了。

到游艺场闯鬼屋也是异曲同工。不过，男孩子拉着女孩子去，就可能别有用心：被突然跳出来的“鬼”吓得心惊胆战的女孩子，会不由自主地抱住男孩子，暧昧的关系就可能有所突破了。

至于一般谈到“神”，那就更加虚无缥缈。在日本人的心目中，山川海陆、电闪雷鸣，“神”无所不在，大大小小的神社随处可见。日本号称有神祇八百万，除了那几家特别有名的，其余祭的是什么神，也弄不太清楚。有人说日本人是泛神论，可专家学者并不以为然。

有一种祭拜“狐狸精”的神社叫“稻荷神社”，数目多达两三万个。日本的“狐狸精”最喜欢吃油炸豆腐，人们参拜“狐狸精”时，往往带几个用油炸豆腐皮包上米饭的“稻荷寿司”去上供。不过，稻荷神社的“狐狸精”是白狐，不专司勾引男人就是了。

又据说这是误解：“稻荷神”是谷物、农耕之神，而狐狸是昔日受“大和朝廷”歧视的被欺压“种族”。后来白狐给“稻荷神”当了仆人，塑像摆到了“稻荷神社”前面。日久天长，白狐被人们误认为就是“稻荷先生”了。

明治维新以来，日本改农历为西历，改得比中国彻底：把很多农历的节日都改成按阳历过了。比如大年初一、端午节、鹊桥会。中国的春节，日本叫“旧正月”；吃粽子可以不太在乎是不是五月初五；但阳历 7 月 7 日在日本是看不到牛郎织女的，因为正值梅雨季节。

也有改不了的：比如中秋，不到农历的八月十五月亮不圆。再有就是盂兰盆节，也就是中国人所谓的农历七月十五“鬼过节”。日本人相信，死去家人的“灵”，到了七月十五都要回到家里来，所以，活着的人要赶回老家与祖先的“灵”聚会。鬼魂不懂阳历，所以，现在 8 月中旬，日本要放暑假，称为“盆儿节”。

而无家可归的“灵”，就成了“幽灵”，到处飘荡。幽灵在日本是有公认形象的，因为江户时代的浮世绘就有“幽灵”这一题材。日本人从小学生开始，就会画幽灵，往往是没有脚的女性居多，倒是有点像中国人印象中的女鬼。

讲鬼故事时也讲幽灵。到了暑假，电视台也跟着起哄，推出“怪谈”、恐怖节目，以供乘凉。

2008 年 8 月 14 日

15 | 日本的“民族大移动”

日本每年有两次“民族大移动”。一次是新年，相当于中国人过春节；还有一次就是8月中旬的“盆儿节”。

“盆儿节”就是佛教的“盂兰盆节”，自印度经中国传入日本。我小时候曾在北京的北海公园看到过农历七月十五放荷花灯。在中国叫“鬼过节”，也就是中元节。日本自古也有类似的习惯。但对日本人来说，“盆儿节”最重要的是赶回老家，与去世祖先的灵魂聚会。还有放焰火、跳“盆儿舞”、放灯等各种游乐、祭典活动。

日本改阳历后，政府把“盆儿节”按阳历定在7月15日，但是，日本人都不习惯。这就在民间形成了8月15日前后放

几天假的“约定俗成”。现在只有冲绳还基本上按阴历过“盆儿节”。

因为新年、“盆儿节”人们都要回老家。一放假，日本全国，南来北往，不回老家的也要外出旅游，真可谓“民族大移动”，只是把东京空得个冷冷清清。飞机、新干线爆满，尤其是高速公路。把老婆、孩子装上车，就往高速上开。殊不知各条高速公路早就成了“高速停车场”，只好跟着几十公里的长龙一步步挪。

这时最容易看出“车德”。堵得再厉害，除了警车、救险车，没有人试图使用紧急车道。一次新年，拉几个美国来的中国朋友去看富士山，也是堵在高速上。美国来的中国人再三怂恿我：“要在美国，我们早走紧急道了……”我说：“在日本没人这么干！”正说着，几辆黑色的车子从紧急车道呼啸而过，一看是暴力团的车。

中国现在并线也打灯了，但往往是先打方向盘再打灯。而日本的规定是打灯三秒后才能打方向盘。并线时，“隔一辆让一辆”是日本的“不成文法”，不会有往里挤的，也不会有顶着不让的。并线后，还要打一下双闪，向让行车致谢。一次在北京，我让司机让了一下，后边的车就按喇叭抗议了。

司机告诉我，这在中国不叫“让”，叫“肉”！

国内满街的汽车喇叭声，让人心惊肉跳。日本不分“三环内”、“四环外”，除非要出危险，一律不准鸣笛。我在日本只按过一次喇叭，那是在北海道的盘山路上，有雾，能见度为零。

林子大了什么鸟都有，日本也不乏“气门芯”。一次“盆儿节”期间，带女儿去名古屋看戏，连夜赶回东京。“东名高速”上开不起速度，突然后边有辆大货车用前灯晃我，显然是要超车。我一边让一边想，前边还是照样堵啊。果不其然，他又去晃前面的车了……

过了一会儿，前边的车子跳起双闪，我赶紧按下双闪，踩下刹车。电光板显示：“前方事故车。”待车队缓缓通过事故车旁，一看，正是刚才那辆“气门芯”，斜倒在中间隔离带上，不知司机死活。

2008年8月21日

16 | 风铃的凉意

日本夏天热！除了讲鬼故事以消暑，日本人还讲究听风铃声以取凉。

日本的风铃源于中国家屋、寺庙等房顶四角的风铎。据说也与中国一样，有驱魔避邪之功用。后来就有专门挂在家中窗口的风铃了。

风铃的形状原来就像铜铎，也是用铜做的。后来有了陶瓷和玻璃制的，样子也就有变化了。一到夏日，尤其是“盆儿节”的庙会上，风铃很受欢迎。尤其玻璃风铃，价廉物美，卖得很好。铜制的风铃声音高亮，玻璃的则比较清脆。据日本人说，夏天，在窗口挂上一个，从叮铃叮铃的声响中，可以感觉到丝丝凉意。

这种只能意会的事情在日本还有很多。有一种“会席料理”，也叫“怀石料理”（两者日语读音相同），菜肴样数很少，一般是一汤两菜或一汤三菜——一碗清汤，加上“刺身”、煮物（煮鱼或田螺或豆腐或萝卜等）和烤鱼。看上去很漂亮，也颇鲜美，就是量太少。但这却是日本人请客时最高级的一种料理。

中国人吃完的反应几乎都是：像没吃一样。每逢我参与此类接待，或提醒日方再准备一顿夜宵，或让中方在旅馆里准备好方便面。

“怀石料理”，据说一是来自老子的“圣人被褐而怀玉”；另一是来自佛教：禅僧抱一块烤热了的石头放在怀里，以抵御饥寒。客人来了，没有东西招待，只好把怀里的石头让给客人。现在当然不能用一块石头去招待客人，但“怀石料理”应该是量少而寡淡的。这也是一种“意”——没有实际的东西，让你去体会其中的意思——意思到了就行了。

这类的“意思意思”，有时让中国人很难弄懂其中的意思。有一种日本式的庭院，一块平整的沙地上放着一些石头，称为“枯山水”。在沙地上勾勒出一些纹路（砂纹），据说象征

着水流。这样，就可以不用水而感觉到有水了。

我实在是得不到这种感觉。日本不缺水，也有很多用水的日本庭院。请教日本朋友，告知：你就把“枯山水”看成是海浪静止的一刹那，那些石头就是海岛。原来如此。仔细端详，倒也不能说完全没有道理。

“枯山水”源于室町时代的禅宗寺院，亦有“唐山水”之称，据说是因为引入了中国庭院的要素。带“唐”字的日文词，往往与中国有关，比如“唐辛子”就是指中国种的辣椒。

今年日本还是热。“取凉”商品一如既往地热卖。除了风铃，有一种用陶瓷烧制的“迷你”日本庭院，可以放在屋里，感觉凉意。

我是信仰“心静自然凉”的。虽然喜欢风铃的“叮铃”，却从来没有买过。因为，日本“现代观念”横行，就连风铃也有人说是“噪音”，住公寓就更得当心，因此有了摆在桌头的风铃。没有风怎么办？打开空调或风扇就行啦。本末倒置。

2008 年 8 月 28 日

17 | 噪音与“五月蝇”

日本人好像厌恶噪音到了极点，所以有上篇连风铃声都犯噪音之嫌的说法。

首先是听不到汽车鸣笛。在日本，要是被人按了喇叭，那一定是你严重违规，马上要有危险了。回到国内，一听喇叭声，就不免心跳半天。而在住宅区，车辆防盗警笛彻夜不停，在日本是不可想象的。

初到日本，住木制公寓。中国朋友来访，大概是喝了点酒，谈得很兴奋。听到隔壁房东靠着墙放音乐，倒也没大注意。一会儿，房东来敲门，说我的客人声音大，非要他马上走人。原来刚才贴墙放音乐，就是一种警告。一次，房东酩酊而归，

大吵大闹了一夜，此厢却只好清清楚楚地听着。

日本人喜静，可能是由于传统住房都是木制，甚至有的隔扇只有一张纸。后来我选择住房就很注意隔音功能。一处公寓，角屋有空，租金要贵一些，但三边没有邻居，剩下一面是电梯间，电视开多大声音都没关系，一住就是十几年。

现在住的是新建公寓，房间夹在左右两邻之间。虽说隔音功能完备，但还得小心翼翼，不敢造次。一个星期六晚上，左邻敲门，送上一包点心，告知明天家里有工事，噪音打扰请包涵，云云。第二天，我却什么也没听到。上一层的邻居，喜得贵子。上门来，不是报喜（这厢当然要“恭喜”），而是怕将来孩子会走路时吵了你，也是送上一包点心，事先致歉。

在地铁上，却是另一番情景。日本人乘车，都板着个脸，一言不发，静得可怕。有人高声谈笑，就特别刺耳。尤其是手机泛滥之初，女孩子上车就叽叽呱呱讲个不停。乘客怒目以对，本人却旁若无人。好在宣传了几年，再加上短信功能提高，长谈已近绝迹。倒是车上“慎用手机”的呼吁广播照旧周而复始，让人心烦。

现在手机的铃声可以自大渐小。来了电话，佯装不知，待铃声消失，再神不知鬼不觉地接听。所以，当接听者压着嗓子，就表明对方可能在车上。

可有一种噪音，长年不绝，起源于“随身听”。那耳机溢出的声响，让周围的人心烦意乱。有人戴着防漏音耳机，可还偏要把音量放到“扰民”的程度。日本人不爱惹事，顶多瞟你一眼。而这种人往往脸皮厚，好像毫无知觉。

有人告诉我，碰到这种人，就用纸写上“五月蝇”，给对方看。“五月蝇”读作“urusai”，意为吵得让人心烦，源于五月的苍蝇最吵。可现在多用假名写，年轻人看不懂这几个汉字，不理会。我的作法是拍拍对方，指指耳机线上的音量调节，倒还有效果。

我家附近那小而破旧的车站，最近好容易建了厕所。从此一天到晚广播：“检票口左边是女厕所，女厕所右边是男厕所……”自动循环，周而复始，真是“五月蝇”。

（注：后来悟到，厕所附近的广播，是为视力不便之人而设。）

2008 年 9 月 4 日

18 | 日本人的送礼

到日本先要租房。要租房就要先知道日本人送礼的习俗。

入住某公寓后，应该先向左右两邻（最好包括上下）送礼，申明自己是刚刚搬进某层某号的某某某，从今以后将多有打扰，请多多关照。对方会说，也请多多关照。此厢递上一份小小的礼物，"实在是没有意思的东西，万望笑纳"，云云。

礼物内容最好是"没有意思"的，切忌昂贵豪华。一条普通的毛巾、一小包茶叶之类就可以了。如是日本人，从家乡出来，也可以是一点儿家乡特产。对方如有准备，就会顺手回送一份，否则也会很快上门回礼；可能是一副（或一对）碗筷、茶杯等。

当然也会有“重礼”。比如你的“保证人”，或是受人之托来关照你的人，就会送你一大包东西。里边可能有毛巾数条、袜子几双、床单被单、食器筷子茶具一两套（副），甚至还会有炒菜锅之类。贴身的东西都是新品，锅碗瓢盆就有可能是用过的。但日本人用得仔细，就像新的一样。这些东西在日本人看来，不算礼物，只是帮助你渡过最初难关的生活必需品罢了。不会专门为你去买。只不过是送来送去，多出来的。

起初对送来的袜子之类颇不以为然。但不想，在凉飕飕的榻榻米上，穿着尼龙丝袜子，脚会抽筋。这才知道日本人送的厚实的日本袜套之好处。

在日本，捡到有价证券，交还失主，是有权要求其中百分之三十为报酬的。如果拾者放弃，失主也应该送礼致谢。

一次丢了钱包。警察署来电话通知，有人捡到了。领取时，警察说，捡拾者放弃要求报酬，然后就欲言又止地看着我，大概是在斟酌是否要告诉这中国小子日本的习惯。我马上问对方的地址，他似乎松了一口气，拿出早就写好地址的纸条给我。

出了警察署，马上买了一盒点心，按照地址敲门道谢。

门开处，露出一张老大不愿意的脸。堆笑说明来意，递上点心，谢谢声未落，门已经关上。后来丢了名片夹，也拿到了地址，踌躇良久，最后还是没有上门送礼。

一天下午回家，在自行车棚里，看到一个钱包。打开查看，银行卡的名字是“佐佐木”，然后就在公寓的信箱上找到了“佐佐木”的房号。

敲门。“谁啊？”“佐佐木先生家吗？我是 ××× 室的 ××”“什么事？”门开处，妇人一脸不高兴。“您没丢什么东西吗？比如钱包……”“啊”，回身一找，转过头来已是满脸堆笑。递上钱包：“请查看一下吧！”

妇人接了钱包就往屋里跑，我知道她是去找礼物的，“不必了”，抽身就走。到家一分钟，就有人敲门。那妇人送来一瓶威士忌，好像还是不错的品牌。我不喝酒，但又推脱不掉，至今放在家里，等机会转送他人。

2008 年 9 月 11 日

19 |“礼”尚往来

除了入住、钱财失而复得等需要送礼，日本人日常生活中的“礼”尚往来还有很多。

在农村，这是很容易理解的。当年北京的四合院里也一样。有了好吃的，互相送一送；突然变天，喊一声“下雨了，收衣服了”之类。可是如今在大都市，基本上住公寓，邻居之间几近“老死不相往来”。

上一篇所讲入住之后的送礼致意，现在就连日本人也不太时兴了。前两年，住进新公寓，左邻右舍也都是几乎同时搬进来的。我倒是准备了几包乌龙茶，用来送礼还礼的。但是，除了右邻夫妇来敲门通报姓名，送上礼物，就没有响动了。

我到左邻自我介绍，开门的是位老人，真正的主人还没住进来呢。茶叶只送出了两包。其他上下左右，顶多是相遇互道“您好”。

与右邻的“礼”尚往来不止最初。先是上次讲到的因家里有工事来道歉送礼，后来女主人家乡寄来苹果，又送上门来（真好吃）。

初到日本，应邀到日本人家做客，当然要带上一些礼物，好像是名人字帖。对方大概没想到会有“重礼”相赠，稍有困惑。之后，就听夫人在楼上翻箱倒柜。少许，拎下一个大纸袋，里边都是袜子、毛巾之类。“带回去用吧”——这就是还礼。日本人只要收了礼，就是个负担，不马上还礼，心里就不舒服。而且是不管什么东西，先还了再说。

中国人则觉得，收了礼，没有准备，随手找点儿什么就还礼，好像缺乏诚意。对右邻的苹果，我没有马上回送，而是待回国买了有中国特色的点心再送，还要提一声："上次那苹果真好吃。这是从中国带回来的土产，请尝尝。"

出门要买回当地土产分发，也是日本人的习惯。不管远到海外，还是近到郊游，都要带回大量的"土产"。家人、邻居、同事、同学，凡知道自己外出的人都要送到。陪日本人在中国旅游，最重要的日程就是选购"土产"。

中国同事携家属结伴出游，到了地方，有的孩子不去观光，先一头扎进礼品店，花几个钟头盘算给同学、邻居买些什么土产。

没有送的，还可能上门来要。一开学，熟脸的女学生就说："马老师，中国土产呢？""什么？不好好学习，还想要礼物？"把她们"吓跑"。心想，每年教上千个学生，一人一支铅笔也送不起啊！

不过，对于日本人来讲，一支铅笔，如果印有"北京大学"之类的字样，就是很好的"土产"。留学北大的学生就送给过我一支。一包点心、糖果，拆散分送同学，也是可以的。送土产，不能企望有回礼，所以只好“意思意思”。老师在旁边，有时也被“意思”一下：喏，老师，土产。扬手递上一包儿童糖果。不想吃，也得接下，放在兜里。

2008 年 9 月 11 日

20 | 扔钱与接礼

有不止一个日本学生问过我，为什么中国的售货员找钱时，总是扔钱？

“不会吧？”中国售货员的名声再不好，也不至于用钱扔顾客吧。回国留心一看，才明白——从日本人的眼光看，中国售货员确实是在“扔钱”。

在日本买东西，收款员一定是双手接过顾客的钱，“唱收唱付”，一张一枚地数给你看，再把收据夹在硬币和票子之间，双手郑重地放在你的手里，或放在盘子里再双手递给你。

中国有时也唱收唱付，但找钱一定不会手递手，而是“扔”到你面前。“扔”字打引号，是因为从中国人来看，用“投”

或“甩”更为准确。日本人之所以认为是“扔”，就是因找钱时的动作差了一些“郑重”。

中国人不但“扔钱”，还“扔礼物”。

一位中国学者到访日本，我到旅馆去看他，还有几位日本朋友在座。中国学者打开箱子，拿出几份礼物，随手扔到坐在床上的日本人身边。我在一边看得明白，那些礼物都是很精致的文物饰品，一定是费心选购的。但不知被“扔”的日本人感受如何。好在都是长期与中国人有交往的，大概也已经习惯了吧。

“扔”礼物，实际上是表明自己的礼轻，不值得郑重相送。而日本人也有这种心理。他们在送礼时，虽然是双手捧上，嘴里却说“是一些没有意思的东西，请笑纳”。一个用动作，一个用语言，东方民族的内心其实是相通的。

欧美人礼物的包装夸张而华丽，收礼的还要当面“粗暴”地撕破包装纸，表明急切想知道其中内容。我问过日本的女学生，她们大多已是“欧美派”，得到礼物当面打开的人居多。不过，一定要先问一句“可以打开吗？”一般是小心翼翼地挑开胶条，解开彩带，再轻轻地打开包装纸。那彩带和包装纸还要整理叠好，以备他用。

M.W.

但中国人一般不当面打开礼物，日本老一辈也没有当面打开的习惯。

我曾从国内带一支老参送给一位日本老者。递上时说："这是从中国带来的人参。"对于初学日语的我，能憋出这么一句整话，已非易事。老者却显得大惑不解，但又不好说什么似的。谈了一会儿，又回到礼物上："这是人参？""是的。"我也就不揣冒昧，替他打开包装，露出用红布包裹着的人参。老者"噢"了一声，没有再说什么。后来才知道，"人参"在日语里是指"胡萝卜"，而中药用的人参要叫"朝鲜（高丽）人参"——不管是不是朝鲜半岛出产的。

一位中国朋友给日本人带了一兜子皮蛋。在中国人的宿舍里，这位据说酷爱皮蛋的日本人，当面打开包，就在椅子角上敲敲，白口把十几个皮蛋一气都吃了。吃相之难看，弄得在旁边看着的我，半年不想吃皮蛋。

2008 年 9 月 18 日

21 | 日本人的吃相

要说日本人吃相不好，很难使人相信。但个别时候是这样的，而且还是故意的。

记得小时候，吃东西嘴里出声，会被母亲骂“像个猪”。但在日本吃面，尤其是荞麦面条，非得出声。

荞麦在中国是粗粮中的粗粮。但在日本，荞麦面条的做和吃都很有讲究。做出来有点像中国北方家里的手擀面。煮好放在竹篦子上，蘸着一种放有葱花、辣根（国内往往误称为“绿芥末”）的汁来吃。

最在行的吃法是，先拈两根，直接放在嘴里，细细咀嚼，品味荞麦原有的清香。接着，再拈几根，稍蘸汁，品味两者的结合之妙。此后，就可以大口吃了。问题就在这里：蘸了汁的面条，一定要用嘴嘬着吃，而且一定要嘬出很大响声来。习惯了不出声，再想弄出声音来，也不是件易事。而不出声就是表示味道不好，是对厨师的不尊重。吃完后，喝上几口煮荞麦的原汤，大呼一声“好吃”，才是最地道的。

有一家荞麦店，客人用餐时都战战兢兢。因为在这里必须严格按照规定程序吃，违反了，站在一边虎视眈眈的老板，就会上来干涉你。而你跟他闲聊天，他却不理你。因为，日本人是以吃饭不说话为上品的。

日本人不习惯边吃饭边聊天，尤其是嘴里有东西，讲不了话。在饭桌上问日本人话，一定要看好对方的动作。我就因经常发问不分时机，弄得日本客人措“嘴”不及，甚至噎得说不出话来。

吃“和食”当然规矩很多，尤其是女性，一定要显得缩手缩脚，时不时捂住嘴，才算高雅。但是最可怕的是对“和食”的规矩、礼仪的固执，其程度甚至殃及其他“料理”，并由“礼仪专家”上升到理论，规定为“正统”。在日本，吃“中国料理”时，筷子就要像吃“和食”那样横着放。而吃西餐，过于拘谨，反有失应有的优雅从容。

一部电视剧，讲一位家政教师在意大利店里教一群女学生吃意大利面：先用叉子叉住三两根，拉到勺子里，轻轻地转动叉子，直到面条完全绕到叉子上，再仪态万方地放入嘴中……

教师正喋喋不休“要领”时，邻座突然传出一阵声响。一看，一个“老外”正面对一大盘意大利面，大快朵颐。一叉子下去就是一大朵，放入嘴中，摇头摆尾，酣畅淋漓。再看学生，把目瞪口呆的教师放在一边，也都甩开了腮帮子。

有个日本人问我，懂不懂喝咖啡的“作法”——这里是指规矩、礼仪。我以为是指不能用调羹舀着喝。他说不是，是转杯。在日本，上咖啡，杯子把儿向左，调羹把儿向右。要先用调羹轻轻调匀糖和奶，再将杯子把儿顺时针转到右边，右手持杯，送到嘴边。

我请教这是哪儿的规矩。答曰：是从日本茶道的“作法”中“移植”过来的。

2008 年 10 月 9 日

22 | 茶道“表里”与咖啡“三味”

说到茶道，中国人可能还有一些“气不愤儿”——茶原产自中国，怎么“茶道”却跑到日本去了呢？

日本人识茶始于唐代陆羽《茶经》，但茶道讲究的是茶具、摆设、作派、谈吐和礼仪。一位日本朋友告诉我：茶道其实是政治，是要死人的。听了倒抽一口冷气。

一次到地方上做客。主人五大三粗，却是茶道“里千家”中人。谈及茶道，就兴奋地给我表演了起来，还让我试着涮茶（日文叫“点茶”）。我拿起小刷子就涮，一直谈笑风生的主人，脸一沉，冷冷地说：“我看你怎么像‘表千家’的啊！”虽非杀气腾腾，却让人毛骨悚然。我从来没有“点”过“茶”，更不懂茶道的“表里”之分。一夜欢谈，就这句话令我难忘。

16世纪的日本茶人千利休，集茶道各派之大成，以“茶之汤”、“侘茶”为形式，建立了一种意识内省体系。他弃尊贵而尚素朴，不用舶来的贵重“唐物（大唐的茶具）”而推崇日本的粗糙陶器。千利休建造的茶室窄小而简单，犹如草庵（他为丰臣秀吉造的“黄金茶室”，也不过三张榻榻米大），而客人进出的小门只有几十厘米见方。据说灵感来自看渔夫进出船棚，客人不论身份贵贱，要进茶室，都得弯腰躬身。

千利休曾先后事从织田信长和丰臣秀吉。后被秀吉命其剖腹，似与他以茶道涉足政治太深有关。他生前死后，出现了“表”、“里”千家等很多水火不容的流派。

前述那位“里千家”问我，当客人鱼贯而入，最后一位应该如何关门。我想，茶道求静，就回答应该轻轻地把门拉上。又错了。答案是要碰出些许声响，告诉背对着门的主人，客人到齐了，可以开始“点茶”了。

日本房子壁菲门薄，隔墙有耳。而在独处偏隅的茶室，则可借茶密谈政治，导演血腥。这与国人用几个杯壶串串茶的所谓茶道，大相径庭。

现在日本人学习茶道，是为了修身养性。有的大公司专

门请了茶道师培训职工，陶冶性情，优雅举止。

一位学生的母亲是茶道老师，曾请我去家里“茶道”。教我如何转茶碗（喝咖啡转杯，可能就是从这个动作移植的）；如何表示欣赏茶碗的造型；如何与主人交谈，表示谢意。但当时日语不过关，没记住多少，只记得“跪”在榻榻米上实在受不了。主人倒是很宽容地让我歪坐，把腿放松。

早稻田大学左近咖啡店“茜屋”的老板，谙熟茶道，讲究“看人下菜碟”——根据客人的风貌选用不同的杯盘。而且是先摆上碟子、调羹（女士的调羹是带小铃铛的），让客人欣赏一番，再送上咖啡。他说，撤糖罐也要看时机，一般是在客人喝了第三口之后。因为喝咖啡要喝出三种味道：先品原味；再加糖；最后喝加了奶的。

2008 年 9 月 16 日

23 | 日本人的“跪坐”与“腿线”

“跪”在榻榻米上，对日本人来说是“坐”，称为“坐”或“正坐”。“坐”于飞鸟时代（约7世纪）从中国传入日本，但到了江户时代才有“正座”这种说法。

“正坐”是把臀部放在脚掌上。看来很难受，但对日本人来说，不但不是受罪，还是一种享受。从小习惯了的人可以“坐”很长时间。现在在茶道、剑道，以及丧事、法事和正式谈话等场合，还是要“正坐”的。

有时上课发现有的女生课桌下只剩一双鞋，原来是“跪”在椅子上听课。坐椅子，日本则称“把腰挂起来”。

第一次租房，房东老太太迎出来，一下子就“跪”在了门口的地板上，弄得我不知所措。其实这是日本人郑重迎接客人的一种姿势，并没有低下的感觉。老派家庭的妻子每天也要“跪”在门口迎送丈夫。

中国一个越剧团上演日本著名悲剧《春琴抄》，演员为了练“坐”，吃了不少苦。但因为没有摆脱“跪”的概念，姿势还是不地道。

日本人的“下跪”叫“土下坐”，类似磕头，表示极度尊敬或深切谢罪。请人原谅错误，或求人办事，也会跪下来磕头说：“我都这样（求你）了！”

有人认为，跪坐不利于腿部血液循环，造成日本女性腿部线条欠佳。已故首相宫泽喜一的女儿回忆，作为欧美通的父亲就禁止她跪坐，认为“女人的腿要美为好”。

二十世纪八十年代，日本一个电视连续剧风靡中国。女主角很有魅力，但就是腿形不好看，远远走去的背影，两条腿好像在“拌蒜”。在日本，这种脸好看腿不好看的女孩子还真是不少。但有人好像“不在乎”，站立时，也会把两脚盘成个“内八字”。

日本人自嘲女性多是“大根腿”（“大根”就是“象牙白”萝卜），而腿线美的则誉为“胡萝卜腿”。但日本漫画上的女

性腿线之美，却被勾勒到了现实中不可能的程度。

日本女性行走起卧，不讲究舒展肢体，而是以有些蜷缩为美。用日语讲，就是把自己“收小一圈”。

但穿和服就非得“小一圈”。和服集中了日本人的审美观，如穿日式浴衣，踏木屐，走起来要“内八字”迈小步才好看。欣赏这种“阴柔美”，曾留学日本的郁达夫最为到家。

近年来，因身高有所增长，日本女孩子的腿形越来越好看，走起路来，也昂首阔步。可是穿上和服、木屐，再挺胸迈大步，加上“外八字”，就显得有些不伦不类。

崇尚中国式“阳刚美”的我，渐渐也能体会到一些“阴柔美”之妙。与日本女学生谈及两个民族审美的区别，在纸上写下“阴柔”、“阳刚”，对方却在四个字之间画了个“×”，变成了“阳柔”和“阴刚”，并问是否还存在这两种美。把我一下子“噎”在那儿了。

2008 年 10 月 23 日

24 | 日本的“鞋”与“门”

上次谈了“腿”，这次谈谈“鞋”。

记得我到个子长成后，就没有穿过新衣服。那时布票紧张，只好穿父亲的。好在时尚简朴，制服洗得发白，穿在身上，也颇得意。但只有鞋号不对，得穿自己的。而工作后第一次给自己买贴身的东西，就是一双皮鞋。不但每天擦油，还要用鞋撑撑好。据说我当时一身上下不修边幅，只有一双脚是亮晶晶的。

可到了日本，每天挤车，一趟车下来，鞋就被踩得不堪入目了。再注意日本人，鞋也大多不是亮晶晶的，更不讲究保持外形，自己的“皮鞋情结”也就逐渐淡化，以致能不擦就不擦了。

日本人不但进家就换拖鞋，公司、机关上班时也有人穿拖鞋。更有甚者，好好的皮鞋，非把后帮踩倒了，当拖鞋趿拉着。尤其是穿制服的中学生，往往拖着一双皮鞋。问起来，说是穿鞋脱鞋怕麻烦，但实际上是青春反抗期——规定必须穿校服，那只好穿；把皮鞋当拖鞋穿，你也不能说我违反校规吧！

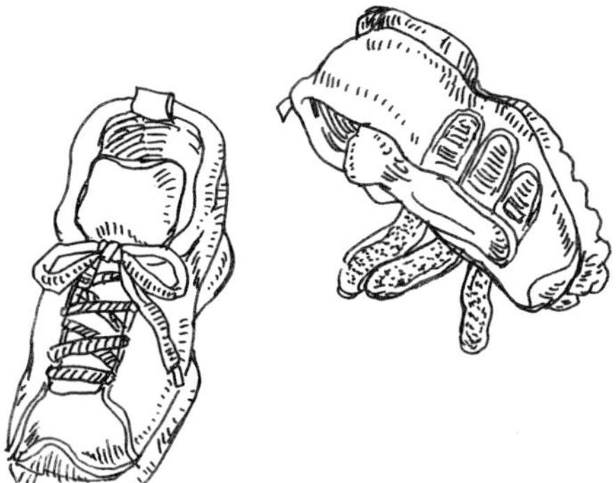

日本人家，一开门，就可以看到门口处一地的鞋。进门一脱，出门套上就走。我疑惑：也不怕穿错了？

刚到日本，在大学学日语。有一位老师，讲课毫无章法，以其昏昏，使人昭昭。问他两个相似的词意思有什么区别，回答总是“有点儿不一样”，就没有下文了。同学们就给他起了个外号——有点儿不一样。

一天，“有点儿不一样”上课，一位美国同学指着他悄悄跟我说：“你看，‘有点儿不一样’！”不明其意，但再看“有点儿不一样”的两只脚，确实有点儿不一样——穿的都是黄色的鞋，可不是一双。大概是出门急了，穿错了一只吧。下课之后，大家捧腹不已。

但除了“有点儿不一样”，我所有的日本老师，都是有德有行，非常令我敬佩的。

日本家门口，包括穿鞋脱鞋的地方，称为“玄关”。讲究的人家，玄关还是很整洁的。除了临时出门用的一双拖鞋，其他鞋子都放在旁边的鞋柜里。有客人来，要将给客人的拖鞋事先放好。客人脱下的鞋，主妇会把鞋尖冲外摆整齐。

但是，日本人很少请人到家里来。初学日语时，一次下了课，跟一位老师谈得很投机。最后他说：“马桑，有空来我家玩吧！”因为是第一次受到日本老师的“邀请”，很兴奋，马上请教老先生家地址，对方却顾左右而言他了。原来，日本人说“到我家来玩”，只不过是“你是我朋友”的意思。

如果真是邀请你，那会事先问好你的时间，然后告诉你，哪天的几点几分在什么站坐什么车，是快车还是慢车，哪里换车，哪里下车，出几号检票口，“我几点几分在那里等你”。怕你不清楚，还要写在纸上。对囊中羞涩的留学生，还会事先或事后把往返车票钱给你。

2008 年 10 月 30 日

25 | 洗澡与混浴

日本人很少请人到家里来，但是机会还是有的。住在远郊的朋友甚至让我去他家住过一晚。

到家就请你先洗澡，因为日本人家越被尊重的人越先洗。一般是老爸先洗，然后是儿子、女儿，妈妈最后。因为洗完后还要打扫。客人理所当然先洗。

澡盆里已经放好了水，我也没客气。洗完把水放掉，回到客厅，吃饭，谈笑，一夜无事。后来才知道，我那晚放掉了朋友全家的洗澡水。日本澡盆可以循环加热，一家一天只用一盆洗澡水。

学生常问我，中国人难道不是每天都洗澡？年轻人可能

不知道，几十年前，北方人既没有每天洗澡的条件，也没有这种习惯，北京人也是隔一段时间才去一次澡堂子。而脚和身体的某些部位是每天都要洗的。

一些到中国来过的日本人，不知是不懂还是故意，在网上写上这些内容，好像中国人多么不讲卫生。我反问，像日本这样受水恩惠的国家，世界上有几个？中国缺水地区的人，饮水都很困难，一辈子都洗不上几次澡，而南方潮热的地方，一天则要冲几次凉。

对日本人一家子用一盆洗澡水，我也很难理解。但他们的习惯是，先在盆外用淋浴或舀盆里的水洗干净，再到澡盆里泡。这一泡，就有长有短了，长的可以一两个小时。我问他们为什么入浴，回答有：消除疲劳，泡暖身体，稳定心情，躲避喧嚣，甚至是睡觉，就是极少回答洗净身体——每天都洗，去污当然不是主要目的了。所以，日本人家的浴室，往往有电视屏幕，耐水的笔记本、单词卡也很热卖。

我想，日本人是把家里的浴池也当作温泉来泡了吧。可是泡温泉也要有本事。和日本人一块儿去温泉，到了旅馆就先去泡；快要吃晚饭了，又去泡；吃过饭，再要去，我就求饶了——身子都泡虚了。不过，那晚睡得真舒服。

说到温泉，就想起日本人的“混浴”，还是露天的。国人对西方裸体浴场并无非议，却总觉得日本“混浴”淫乱。我以前也在一个中文学习班上讥讽过混浴。不想，学员中一位“歌人（和歌诗人）”，是位德高望重的老太太，下课后对我说，马老师，其实“混浴”不像您想的那样，是一种很开放的，很高的境界，不会有邪念的。

公开裸浴据说始于江户时代，后来禁止了。现在只有在深山的温泉才有混浴。

我也是三四年前，才真正见识过一次。男女老少泡在同一个露天温泉池里。只有坐在池边时，男的才用毛巾遮挡一下。几十个人中只有一个和男友来的女性，齐胸围着浴巾，稍显羞涩。几个十几岁的女孩子，小荷才露尖尖角，在池边跳来跳去，天真无邪。透过温泉的蒸汽，远处山影绰约。那是一种原始的自然和开放，却没有丝毫邪念——自己也觉得不解。

2008 年 11 月 8 日

26 | 日本人的“羞耻心”

北京不知道还剩几处澡堂子。日本的澡堂子叫“钱汤”，燃料涨价，顾客减少，最近也是凤毛麟角了。

“钱汤”进门处挂着帘子，分“男汤”、“女汤”，进去就是脱衣场。令人惊讶的是，收款台高高在上，“骑墙”在中央，不但收两边的钱，而且一览无遗。男的也就算了，可要是老板坐在那里，那女孩子怎么办呢？

日本最近有对笑星搭档叫“羞耻心”。走红的原因很可能是日本人很少用这个词，而一般说“耻”。社会学的“日本人论”中就有一个重要领域是研究日本的“耻文化”。

刚听说这个词，心想，还不如说是“恬不知耻的文化”。

但这个概念是美国著名社会学家本尼迪克特提出来的，与其相对的是欧美的“罪文化”。而日本用“耻”这个汉字的内涵却与中国大相径庭。

中国人所谓“耻”，大多与性别、性征有关。耻与不耻，由自己决定。可日本人的“耻”主要是从别人的眼里看，而并不一定在于“性”。

在日本学者对“耻文化”的分析中，找不到有关“性羞耻”的内容。他们认为，在中华文化中，人体是“丑陋”的；而日本人则觉得沐浴后的裸体是美的，以致出现“窥浴”的陋习。

日本幼儿期的“耻”教育主要是“别让人笑话”。中国孩子大概对父母矫正自己拿筷子都有痛苦的记忆。日本人极少不会正确拿筷子的，因为父母要从摆、拿、用、放进行“成套”教育。但也有女孩子告诉我，父母从小没管过她的“table manners”。理由是，等懂得“耻”了，自然会改过来。

日本有一种“痴汉”，专门在拥挤的车上占女孩子的便宜，别人也视而不见。有一次撞在我眼里，就上去干涉，与那“痴汉”争执起来。受辱的女子不但不声不响不做证，而且车一到站，转身就下车了，弄我一个下不来台。后来才明白，日本人觉得与其在公开场合让人瞩目，还不如暗暗受辱。

上语言课，极少有学生举手回答问题。问到头上，也要向左右一再确认，才肯回答。因为当众被问，已是“受耻”了，若答错，就更“耻”了。

日本人接触性知识很早。谈到初恋，往往说是在幼儿园。但女孩子从小与父兄一块儿入浴，有的家庭甚至可以到二十岁左右。所以，狭义的“性好奇”并不太强烈。另一方面，男女大防，授受不亲，比中国还厉害。中学、大学，至今有女校存在。很多家庭有“门限”，规定女孩子晚上必须十点回到家之类。大学的男女合校，上课也是各坐一堆，不相交谈。我让他们混合分组讨论，还要感谢我（特别是男生）给了他们（男女）交流的机会。

如果一对男女坐在后面叽叽喳喳，那一定是在热恋中，借着教室“date”，根本没心思听你的课。

2008年11月13日

27 | 日本的挤车功夫与“性骚扰”

只要在铁轨上跑的车，日本统称“电车”，因为都是电力驱动。所谓挤车，就是挤电车。我在国内不怵挤车，但到日本才知道，得另练一套功夫才行。

日本人很少抢先的，但上了车，却很少往里挤——不是贪图下车方便，而是不愿意与别人接触。里边的人也不会主动让你，除非你说声“对不起”。上满了，就停在门口不动了。车下的只是踩在门边上，等关门的一刹那，再顺势挤上去。真是挤不动了，就会有著名的“push man”来推你。日本人不愿意自己挤你，但别人挤（推）我，就可以心安理得。车里的人也就顺势“被”挤到空一点的地方。

山手線

下车也是一样。在日本听不到“我下站下，咱们换换”之类的话。不管是站着，坐着，都要等车停稳再移动。即使在最中间，也会给你让出一条道。没到站就想换，倒会让人侧目。

拥挤的车上会有“痴汉”，就是中国的“耍流氓”。正像上次讲到的，这时不要多管闲事，包括当事者，没有人会为你的正义之举所感动。

我为日本公司培训去中国的职员，就告诫他们，到了中国，不许摸女孩子的屁股——这在日本公司是家常便饭，被说成是上级对下级的一种“寒暄”。可是，随着日本公司进军世界，就摸出毛病来了。被日本在欧美的公司职员控告“Sexual harassment”，一赔就是上亿美金，弄得经常拿女职员容貌取乐的男士们惶惶不可终日。听说在西方，连问结没结婚都算“骚扰”，各公司只好订下“条条框框”，把不许问女士有无男朋友也算进去了。

而这又诱导出讹诈男性的新兴买卖：女高中生诈骗群组，硬是诬陷男人“痴汉”，不拿钱私了就报警。而日本不管是铁路，还是派出所，只要是女的告男的“痴汉”，不分青红皂白，先把男的扣起来。让公司知道了，先开除你再说。如诉诸法律就要花上十几年，打到最高法院也未必能胜诉。

我上车，只要周围有女性，就双手抓住吊环，直到下车。如果有座就可以看书或睡觉。这还有另一个目的——可以不让座。即使占着两个人的位置，只要不跟面前的人对上视线，就可以“不视而不见”。只有你说请让一让，才会作出刚发现你的样子，让出位置来。没有空座的话，就更不让了，不管是老人、孕妇还是抱孩子的。

我问过，为什么以礼仪著称的日本人不主动让座。回答是：不想让对方因为我让座而感到必须感谢我的心理压力。确实，被让座的人，坐下之前要致谢，下车前还要致谢。

一次，我和一个中国人坐车，看到上来一位老者，就站起来，示意请他坐，因怕听他致谢，就继续和同伴聊天。不想几站过后，老者站起来，用略微生硬的中文说了声“谢谢”，下车了。

2008 年 11 月 20 日

28 |“立派”的日本人

在东京，最痛苦的是每天看着那一张张冷漠的脸。即使在拥挤的“电车”这样密闭的空间里，日本人也都是摆出一副拒人于千里之外的嘴脸。

极偶尔的，有些还带着农村古风的老太太，会跟你寒暄几句：“一下子就冷起来啦！”“是啊，昨天还是好好的呢！”……像上次讲到主动用中文向你致谢的，更是绝无仅有。如果再有其他人跟你搭话，那十有八九是喝多了。

女儿幼时，带她乘车，坐在我膝头，突然要吃东西。我摸出一卷国内带来的山楂片，不想她抽出一片就先递给了旁边的一位中年妇女：“给！”我的心一下子就紧了起来。

因为是独生女，我们从小就告诉她，有了好吃的，要先分给别人，不要吃独食。不料，她却运用到这种场合来了。而日本人哪会去吃陌生人，而且是外国人包装简陋的零食！

不想那位妇人，却很自然地接过山楂片，一点儿没犹豫就放进嘴里。女儿笑了，我也松了一口气，用眼光向那妇人致谢。我真担心，如果她像日本人平常那样，或客气地拒绝，或接过去捏在手里不吃，那会给女儿留下什么样的创伤？

日本人称品行高尚的人为“立派”。我永远感谢这位“立派”的日本妇人。

初到日本，为调研某大媒体，与该媒体一位高层——铃木先生结识。他平时作风大大咧咧，说话很痛快，很容易接触。一次与他约谈，我晚到了三分钟，进门后还没等我解释，他就劈头盖脸地骂将上来：“我就讨厌你们中国人！不守时！……”

到了日本后，会有一种油然的敏感：只要听到日本人骂（包括批评）中国或中国人，气就不打一处来。日语说不好，也要反驳几句。但这次我却一声没吭，直到他骂完，才郑重向他道歉。

真要感谢铃木先生，一下子就把我的毛病治好了。此后，不但绝不误时，而且按照日本习惯，每次与人约会，尽量早到五分钟。

一次赶时间出门，不慎在一处坡道崴了脚，而且很厉害，脚腕子都变形了，疼得我坐在地上嗷嗷叫。身边行人匆匆而过，不但没有一个人过来问一下，甚至看你一眼的都没有。幸好离家还不远，只好等疼劲儿过去，再单脚跳着回到家里。

某天晚上，一下地铁，就看到站台上躺着一个人，昏迷不醒。很多人围观，就是没有任何人有要抢救他的样子。一个年轻人伸出手，却被站台工作人员挡住了："您是医生吗？"年轻人笑笑："医大生。"这才让他翻了翻躺在地下那位的眼皮。"没事儿，喝醉了。"在日本，没有医生执照而实施医疗行为，是犯法的，我这才悟出那次崴了脚为什么没人理我。

听说，现在国内也"时兴"对路边受伤的人不闻不问了——因为怕被讹上。呜呼！

2008年11月27日

29 | 上课迟到与“视线困难”

讲到日本人严格守时，也是分场合的。在学校上课，迟到就是“铁的原则”。但这里说的上课迟到，不是学生，而是老师。

一开始上日本老师的课，就觉得老师迟到得厉害。迟个十五分钟也是常事。当时还在学日语，欧美来的同学都纷纷抱怨，可日本的老师们却照旧迟到。

我任某校的访问学者时，在教师休息室里，向一位老师请教。知道他后面有课，一看时间到了，就起身准备告辞。但见他又沏了一杯咖啡，不慌不忙地接着跟我谈。一直耗了近半个小时，我已经觉得非常不好意思了，才见他慢腾腾地往教室走去。

自我当上老师，就下决心，一定踩着铃进教室。可是没实行几天，就有学生抱怨："老师,（您这么做）是'迷惑'我们啊！"日语的"迷惑"有添乱、为难、妨碍等意思。

原来，日本的大学生上课也是赶着点儿。这时候，如果楼梯、楼道上再有老师在那里摇摇摆摆地迈方步，就会弄得他们躲也不是，抢也不是。如果比老师晚进教室，就会一堂课都上不好，生怕你记他迟到。

明白了缘由，我也只好随俗。在教师休息室里，边喝茶，边看着钟，等过了上课时间五六分钟，再随其他老师先后踱向教室。

都说日本人彬彬有礼，但至少要把大学生排除在外。中小学生跟老师"打成一片"，没大没小，倒颇可爱。但不知为何，到了大学，学生们往往"拒'老师'于千里之外"。如果教室座位多，就会以你为圆心，空出一个半椭圆——离老师越远越好。

不仅如此，不管是在楼道上还是校园里，如果不是本年教的学生，就尽可能不跟你打招呼。远远见到以前的学生迎面走来，就会一边回想是哪个班的，一边准备笑脸相迎，问

问近况。可是十次里有九次是对方走到面前，突然将视线一转，或者一低头，装不认识，擦肩而过。弄得你刚刚“微”起来的“笑”，一下子僵在嘴边……

我请教缘由。学生们的回答各式各样：“近视吧？”“怕您记不起他了。”“不好意思吧！”“怕‘迷惑’您啊！”“是不是您没让他及格啊？”……一位日本老师说得入骨：“他们心里只有自己（只想自己的事），没有闲工夫跟你打招呼！”

偶尔也有例外。一群教过的女学生在聊天，远远看到你，一个人振臂高呼“马老师——”，就一窝蜂似的追上来，反而弄得此厢颇不好意思。

如果是不认识的老师，学生们连路也不会给你让。在女校教书更难受。楼道里，青春少女一字排开，迎面走来，几对眼睛遍扫你全身，反倒弄得你视线没处放。在女校任教的男老师，把这叫作“视线困难”。到了跟前，还得你闪到墙边，收腹踮脚，给她们让路。

2008 年 12 月 4 日

30 | 上课可以用手机

日本有个出名的县知事，提出中小学应该不许学生带手机上学，引起了社会大争论。

我以前也是反对学生上课时用手机的，但几年前一次期末，我正在讲复习考试的安排，看到一个女学生起劲地按手机，就说：“都什么时候了，还打手机？不好好听！”可是那学生满脸冤枉地说：“我正在把考试日程打进去呢……”我当场道歉，从此再也不干涉学生上课摆弄手机了。

这些年，手机更是日本年轻人日常生活中绝对的“不可或缺”。换言之，已经成为一种“病”了。除了考试，你想让学生上课不碰手机，那他们就会坐卧不安。有时叫学生上讲

台答问，居然会把手机也带上来，立在讲桌上，讲几句，就得晒一下手机画面。

专家分析，手机是学生们对外沟通的最重要“窗口”。现代的日本年轻人，苦于不懂如何与人当面交流，造成内心高度寂寞。即使是同学，发短信，既可以不见面，又可以与对方“沟通”，从而“感受到自己的存在”。而短信内容往往只是“干嘛呢？”“没什么。”“那……”“没什么嘛！”“真无聊啊！”“有什么办法！”……不一而足。

学生们知道上课不能打手机，就只好在课桌下面偷偷摸摸发短信，还时不时看看老师。那样子实在让人哭笑不得。

几年前的一个班，学生里有几个“刺儿头”，时而提些挑衅性的问题。比如：“中国人都讨厌日本人，为什么？”他们大概以为我会说是“因为日本侵略过中国”。但我讲，我们这一代受的教育是“中国人民和日本人民都是日本一小撮军国主义者的受害者”。现在，中国人还是不喜欢日本人，原因是有些日本人的作派“太不堂堂正正了”，令人生厌。教室里一下子鸦雀无声，那几个“刺儿头”张开的嘴，僵在那里，半天没合上。

今年开春第一课，我对学生讲明：我的课上可以用手机——学生们都愣了，但必须堂堂正正地在桌面上用，如果要躲躲闪闪地在下边打，“就给我出去”！不料，手机倒是都放在桌上了，却很少有人摆弄。

也有女生“以身试法”，真是“堂堂正正”地边听讲边在桌子上发短信，还不时抬头乜你一眼，看你是不是真的不管她。

再熟悉一些，就像上次讲到的那样，会一哄而上，围着你问这问那，引诱你“失言”：“马老师，哪个班的女生最可爱啊？”“都可爱！”……

更有“蹬鼻子上脸”的，把你上课的言语举动编到短剧里（学生自编自演短剧是期末口试项目），夸大搞笑，拿老师开涮。大概以此出出一年来受的马老师的“恶气”吧。

日本的学年是二月份结束。快一年了，学生旧态复萌，上课又是偷偷摸摸地发短信。唉，我也懒得跟他们再“喘气”了。

2008 年 12 月 11 日

31 | 日本人不喜欢《红楼梦》

日本大学生上课除了打手机，还有睡觉的本事（大概各国共通）。有些人上课就睡，下课就醒。一般是因为玩耍喝酒打零工，但有一个告诉我是为“钻研”《三国志》而彻夜不眠。我借他一本中国的连环画《三国演义》，他就开始“钻研”人名。中日文的“玄德”字体差不多，可“刘备”就不知道是“劉備”了——总之还是不听课。

日本人说的《三国志》实际上是中国的《三国演义》，但比中国的“演义”更加演义得厉害。由著名学者严格照原著翻译的当然有那么几部。《文艺春秋》月刊连载宫城谷昌光的《三国志》，已有7年多。2009年1月号的92回，讲到刘备称帝，改元，封诸葛为丞相，以许靖为司徒……故事倒是不大离谱，可是加了很多作者的“研究成果”，有点像中国以前对经典作“注疏”。比如：援引陈寿《三国志》等，考证出许靖当时应为七十一二岁……总之还不失严肃。

改编的就数不胜数了，而且读者多得多。随心所欲“演义”《三国演义》的日本式“三国志”，包括小说、木偶剧、漫画、电脑游戏等，也就不断问世。漫画杂志连载、漫画单行本，不计其数。最甚者，把关羽改成长发的女高中生；诸葛亮是时髦少女；吕蒙则是独眼女仆……（盐崎雄二漫画《一骑当千》）。还有面向女性的《女职员三国》问世连载。

“三国”对日本人的魅力在于友情、欺骗、胜负——各有所好。尤其“破灭”和“忸怩（如刘备追求孙权的妹妹）”被认为是最“美”的。而人气之高则首推刘备。

论中国四大古典名著在日本的名气，“三国”为最，“水浒”、“西游”次之，而“红楼”则很少有人问津。在日本众多的中国文学专家中，我至今还没有碰到过一位《红楼梦》的研究者。

2008年被认为是《源氏物语》问世一千年，虽比《红楼梦》早了七百多年，但两者相似之处颇多。背景都是盛世：平安朝、清前期；人物都是皇室豪门；主线都是男欢女爱；全篇都以诗歌贯穿，连出场人物都同是四百多人。

男主人公源氏与贾宝玉，都是情种，但皇子源氏却比宝玉风流得多，过手女性至少十几个，正式婚配也有五六人——说他像“唐·璜”可能更贴切。

我问日本人爱“三国”而淡“红楼”的原因，有人说，“三国”是古汉语，日本人直接就能看个大概，而“红楼”已近

现代白话，就很难懂了。有的老师则说，《红楼梦》那种山珍海味、奢华淫逸的日子，哪是日本人能接受的？

确实，“源氏”中的宴饮场面，远远不及“红楼”多。

初渡东瀛，我只带了两部“闲书”：钱钟书著《管锥编》和丰子恺译《源氏物语》。二十多年了，这两部书都还没有啃完。惭愧。

2008年12月18日

32 | 寅次郎的爱情

如果说《源氏物语》中源氏代表一种掠夺爱的话，那日本还有另一种极端的爱情形象——寅次郎——真诚、腼腆而永远没有结果的爱。

电影《男子汉做人难——寅次郎的故事》系列片，其主人公寅次郎是东京庶民阶层的代表。豪放而又暗含细腻，粗俗而又极重义礼，其貌不扬又艳遇频频，可以说是日本人矛盾性格的集合体。

寅次郎没有正式工作，就是到处倒卖些小商品。而新年的寅次郎最忙，要到各地的祭典摆摊子。然后，就是到处流浪，随遇而安；游手好闲，兼打抱不平；给人排忧解难，兼帮倒忙；要摆男子汉的臭架子，却又惹出一桩桩风流来。待到“人财两空”，精疲力竭，回到东京葛饰区柴又的家中（严格讲，是寅次郎伯父的家），少将养息，又闯出去混生活，惹麻烦。

“寅次郎”系列，从1969年开始，正式的有48集。以电影系列片集数之最登入“吉尼斯”。其中寅次郎的一次次恋爱，最后都成泡影。乍看确实是“癞蛤蟆想吃天鹅肉”，可对象都是当时的顶级明星，中国人熟悉的就有栗原小卷、吉永小百合、松坂庆子……甚至是美女自己送上门来，但最后都是成全了他人之美。情节貌似荒唐，但寅次郎的粗犷而又真诚，直率却带忸怩，时而愚笨得可恨，时而聪慧得惊人，却使观众在捧腹、流泪之间，享受到一种真实的感动。

“国民美少女”后藤久美子也以寅次郎外甥满男的恋人登场五集之多。1995年年底上映的第48集《寅次郎的红花》，家人以为寅次郎已不在人世，他却出现在地震后救灾的电视画面上。而一直不敢求爱的满男知道泉（后藤饰）要与他人结婚，气得搅和了泉的婚礼，逃到了一个海岛。不期遇到舅舅的“老情人”莉莉，居然与寅次郎形同夫妇。海滩上，满男终于向解除了婚约的泉表明了爱情。并肩看着一对幸福的年轻人，寅次郎终于将手伸向了莉莉的肩头……

据说，第 49 集就是泉和满男结婚，但寅次郎的演员渥美清肺癌已笃，次年病逝。他在“红花”中留下的“男送女，就要送到女的家门口”的台词，亦成绝唱。

渥美清用其后半生创造了一个可爱的“寅次郎”。而最让人尊敬之处，在于他从来不披露私生活，极少接受媒体采访，更不会将私事在电视上谈个没完没了。对他的日常，世间几乎一无所知。就连与他最熟悉的导演山田洋次，也是直到参加告别会才知道他家地址。人们一直以为他是独身，到他去世才知道他早有妻儿。他认为，自己就是“寅次郎”，如果这个形象被“渥美清”干扰了，就是对观众的不负责任。

以前，每逢新年，至少有一集“寅次郎”作为贺岁片上映。现在只好在家里温习一下录像了。

2009 年 1 月 9 日

33 |“未成年”的日本人

寅次郎的粉丝在日本不少，但以年岁大的为主。每当我谈起寅次郎的魅力，学生们往往觉得不解。

每年一月上中旬，日本有一个“成人节”。法定假日，始于战后。学生们要赶回老家参加庆祝仪式——“成人式”。

“成人”概念可以追溯到中国的“冠”与“笄”。男的20岁戴“冠”；女性16岁插“笄”，都表示成年。但这是“虚岁”，相当于现在的18岁和14岁。日本至今沿用明治时期制定的民法，规定20岁始为成年（《皇室典范》规定，天皇、皇太子等成年是18岁）。

大学一二年级，学生大多是19岁或20岁。“成”了“人”，他们也像中国满18岁的人一样，享有选举权。但选举却是年轻人最不感兴趣的。日本无支持政党的人几乎占选民的一半，其中主要是青年。政治对他们没意思。选出来的人不为选民办事，是原因之一，但更主要的是年轻人不愿意负责任。这与“成人”太晚有很大关系。

现代人，身体成熟趋早，心理成熟趋晚，可能是万国共通。到20岁才算成年，至少在发达国家中，只有日本。当身体、心理已经具备了成人的条件，法律、社会却还把他们当孩子。在应该开始负起社会责任的年龄段，迟迟不赋予他们使命感，结果是心理成长滞后，而把早已应该克服的“幼稚”带到了成人阶段。甚至出现十八九岁的“高龄儿童”故意抢在成年前犯罪的案件。

日本的“全民公决法”已经规定18岁可以投票。法务省也在酝酿将法定“成年”降到18岁。但阻力很大——“孩子们”不愿意很快“成人”。

一到20岁就可以公开喝酒、抽烟，倒是他们最高兴的，甚至有人在“成人式”上就酗酒闹事。日本严格禁止“未成年者”沾烟酒，最近，连香烟自动售货机都是没有“成年证明卡”不能用了。学生拉我去喝酒，我要问清楚在座的是否

都已“成年”，否则，学校追究起责任来可受不了。有的学生怕我不信，还要让我验学生证。

日本大学生对讲课的评价，主要是有没有意思（不是interesting，而是funny），弄得上课只能哄着学生。学生说，老师上课真有意思。我真是哭笑不得——你们哪里知道，我用的是在中国教小学、初中的办法啊！

倒是有过工作经验再“回炉”的学生，比较成熟。每个学年末，我都要求学生写感想。前两年，有个学生——后来才知道是当过补习学校老师，又是学教育心理的——在“感想”里分析我上课的“策略”：开某个玩笑是什么用意；放某段录像是什么效果；组织某项活动是什么目的……就连我大谈“寅次郎”，他也明白是要学生多了解日本的人和社会。

教学方法能有人理解，固然令人宽慰，但是当老师的让学生看透了，却也有些悻悻然。

2009 年 1 月 22 日

34 | 日本的老鼠不爱大米

我不谙流行音乐。学生们想了解中国歌曲，我也无从介绍。但前几年听到《老鼠爱大米》，觉得还有意思，就录下来，让学生们边看边翻译。不想他们对歌词不以为然，说，反正日本的老鼠是不会爱大米的。理由很简单：大米不爱老鼠——单相思，不会有结果的。

后来，日本 NHK 的“有歌大家唱”节目里也播放了日语版的《老鼠爱大米》。可歌词全按日本人的想法给改了。女翻译家枯堂夏子将主人公也变成了女性：

“（念白：唉，你喜欢我吗？想问你，但又不敢）/ 不可能，我知道 / 只能远远地看着你 / 大家都喜欢你 / 我这样的，根本

没可能 / 就连大家一块儿回家 / 我也只能一个人走在后边 / 表白爱情？哪能说得出口 / 只会被你耻笑 / ‘我爱你（中文）’ / 一定是个不圆之梦 / 大米一定不会爱老鼠的 / ‘我想你’ / 但我还是喜欢你 /…… ‘我爱你’ / 真的喜欢你 / 就像老鼠爱大米 / ‘我想你’ / 但是你千万别察觉 / 就这样悄悄喜欢你 / 永远地……”

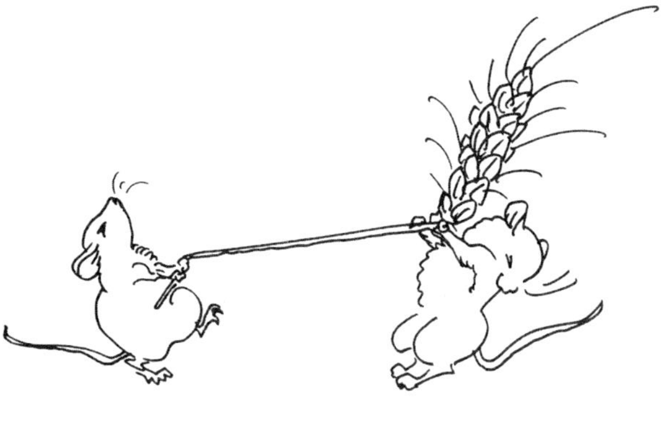

看来，说日本大米不爱老鼠似乎是有道理的。这下学生们也来了情绪，期末口试，就分组把《老鼠爱大米》改编成一个个汉语短剧。“仁者见仁，智者见智”，剧情各有不同。其中一个是：大米被老鼠追得掉在河里，眼看要泡涨了，幸亏被老鼠救起。晾干之后，两个“人”就好了。

另一个剧本加入了中日文化比较因素，变成了4个“人”——日本老鼠和中国老鼠，日本大米和中国大米。日本老鼠学了中文，就模仿中国人向中国大米直接表白爱情；而在日本留学的中国大米却向往日本式的“暧昧”，意属学得羞羞答答的中国老鼠；日本大米想尝试一下中国式恋爱，对日本老鼠的“直白”很欣赏。结果是日本的老鼠和大米，中国的大米和老鼠，各自结为伴侣。

一位日本老师看了“马话”对我说，现在的日本女学生可不会等着男的暧昧表白，看上了谁就直接说“我喜欢你”。但日本女性还是以被动等待男性求爱、求婚者为多。我的一个学生，毕业后当了老师，和一个同事交往了几年，已经过了“适婚年龄”，但对方缄口不提“结婚”这两个字。我建议她主动和男方商量结婚事宜，她却说，这种事，女的哪能先张口呢！我告诉她，要是中国女子早就跟他“吹了”。

一个男学生到中国留学，把一位中国女朋友带回家里，准备结婚。要我给她的女朋友讲讲日本社会、家庭的特点。讲倒是讲了，还讲了不少次，可最终女孩子还是离开了他们家。另一个女学生，交了个中国人，同居了十来年。但男的只把“结婚”停留在口头上，最后还是“吹了”。她最近找了个日本人。

看来，不管是老鼠或大米，还是找本国的好啊。

2009 年 2 月 5 日

35 |“情人节”在日本

说日本女孩子不主动示爱，也不尽然。每年的“情人节”就是“一载难逢”的好机会。

我原本不知有个情人节。二十多年前到了日本，才知道西方有个“圣瓦伦廷节”，但不知怎么传到日本就成了“巧克力节”——2月14日，女的要给男的送巧克力，而男的只需坐享其成。

中国最近好像时兴送花。送花也好，送巧克力也罢，只要对象是“情人”，就可以了。但在日本，出于“不得罪人”的民族性，就蜕变成老少女性都要给周围所有的男人（同事、上级、同学、老师，以至父亲）送巧克力了，称之为“义理

巧克”，即出于礼貌而送的。送“义理巧克”的“要领”是要当众送。手捧一堆，一人一份，一视同仁。时不时还要“叮嘱”一句：这是“义理”噢！否则就会弄巧成拙，搞得你亲我疏，伤了和气。

可是，有“人气”的男性，还是会多得一些。这样，男人们又不免攀比谁得到的多，甚至有的人竟要自掏腰包，买来摆在办公桌上，堆着充数。当然，每逢此时，女孩子也要神不知鬼不觉地向心上人送出一两份“真心巧克”。这往往是买了原料，细心熬制的。还要用颜色描上“心”的符号，精心包装，以示芳心。但是混到了一大堆里，粗心的男人往往分不清“真假”，不领情。结果是白费心思。

“情人节”前一个月，各类商店都开始专设巧克力柜台，供性急女性以品尝名义先解解馋。节前一两天，这些柜台前就被各个年龄段的女性围得水泄不通。我曾因此大受其害。十几年前，恰逢情人节，给一位国内女客导游。逛百货商店时，她竟提出要吃巧克力！一般卖糖果的柜台，巧克力早已无影无踪，都集中到专卖柜台去了。我奋勇挤入人群，抢得一份。转过身来，才发现我是“万‘红’之中一点‘绿’”，方圆左近，只有我一个男的，招来售货员的坏笑和周围女性的白眼。

后来才悟到，她们把我看成是没得到足够的“义理巧克”，而自掏腰包凑数的了。

其实，这种全民性大送巧克力的“习惯”，始于 1960 年，是巧克力制造商的“阴谋”：抓住了日本人的心理，搔到了女性消费者的痒处。今年，别的行业也在想方设法——看上去是一大块心形巧克力，抖开是一件巧克力色男性背心；看上去是一大块白巧克力，实际上是放在心形盒子里的大米，大概在等着日本的“老鼠”去买。

更有甚者，制造商们还发明了让日本男人们在 3 月 14 日“白（情人）节”这一天“还礼”，再回送巧克力给女性。不过，上当的男人比较少，商店也并不像 2 月 14 号那么热闹就是了。

我在日本为师，不管 2 月还是 3 月，大学都是假期，既得不到“义理巧克”，也免了回送之虞。

2009 年 2 月 12 日

36 | “两肋插刀”与“君子之交”

日本人自明治前后“对外开放”始，就大量翻译西方文献，并巧妙地用汉字创造了很多外来语：干部、资本家、社会主义……据说第一本传入中国的《共产党宣言》，就是留学日本的中国学者从日文版翻译的。那时的日文，汉字满篇，稍知语法，即可译成中文。而现在日本对外来语多用音译，造成日本人对汉字的感觉退化。学生们对“卡拉ＯＫ”、“巧克力”等，一听就懂，而碰到日文中没有的汉字词，就发怵。

有一课讲到中国人重友情，为朋友可以“两肋插刀”。这时候最容易产生误解。日语的“刀（读作 katana）”专指日本刀，其他的刀用“knife”或“刃物”、“庖刀”等。每逢翻译到这里，学生就显困惑。我一开始也不明白他们到底为什么不明白，就让他们上讲台来表演：两个“朋友”，一个“坏蛋”。

“坏蛋”冲向一个“朋友”，另一个“朋友”双手持“刀”（两卷报纸）相助；当阻挡不住“坏蛋”时，就将两卷报纸插向自己的两肋。他们觉得不方便的是“刀”太长，同时“插”自己的两肋几乎做不到。表演到这里，他们也笑了。

因为教科书的“词解”只解释“两肋插刀”是将“刀”插入两肋，没说明是什么刀，更没解释清楚谁“插”谁。

其实，日本人更不容易明白的是，为什么为朋友可以到“两肋插刀”的程度。

日本人很需要交朋友。每逢搬家、转学等换了一个新环境，家长最关心的是孩子有没有交上朋友。而在学校，同学之间的“欺凌”手段中，最残酷的就是“放单”——无视你的存在，根本没人理你。成年人交朋友，也分层次：一般的同事，可以算作“友达（普通朋友）”；一块儿喝过酒，就可以称为“友人”；如果再在一起洗过澡，那就算是“亲友”了。

一般朋友之间，几年没有来往也没关系，只要年终送上一张贺年片，就可以延续“友情”。所以，一般日本人一家每年都要送出上百张，甚至几百张统一印制的贺年片。

日本人之间的友情似乎很淡。再好的朋友之间，也有一条线。朋友相助，一般也是到这条线为止。线内是自己的天地，即所谓“隐私”，这部分一般不会向外人求助。朋友也不轻易越界，怕侵犯了他人的隐私，反招来对方的不快。即使是挑明了关系的情人，对方要约会，只要说一声“我有事”，就可以拒绝，也不会被追问到底有什么要紧的事。

中国人成了朋友，往往是“你的就是我的，我的……”。但是，对私有观念比较成熟的日本人来说，就是不可理喻的。日本人最怕的是，一旦交上中国朋友，马上就会要你作保，把他孩子弄到日本来。

君子之交淡如水。

2009 年 2 月 19 日

37 |“隐私”在日本

中国改革开放后，大批日本人到中国做生意。最使他们不解的是，中国人见面没几句，就问“你一个月挣多少钱”。

现在中国年轻人可能已经很难理解，当时中国人工资差距很小，比如，“四级工”基本40块钱。不管集体所有制还是国营大厂，上下差不了一两块。加上没有奖金，只要知道你的工龄，收入就是明摆着的。因此，对于来自“资本主义”的外国人的工资很感兴趣，也是无可厚非。日本人的收入，虽然还算是比较平均，但问别人工资，绝对是禁忌。因为那是属于“隐私”范围的。现在中国人收入高了，也不太愿意告诉别人了吧！

“隐私”这个中文翻译，总是给人一种不那么堂堂正正的感觉。尤其是中国人觉得没干什么见不得人的事，就不应该隐瞒；想要隐瞒的，就一定不是好事。日文对此有一个不常用的汉字译法——私事权。但一般对“Privacy”用音译，加上日本人天生内向，“隐私权”的观念不但很容易被年轻人接受，还在日常生活中被“灵活”运用。

比如，不要说年龄，就是女性的体重，也是绝对不能问的，这可能与近年来的瘦身倾向有关。初到日本，一个女学生向我抱怨自己太胖，我安慰她说“没有这种事”，还拿来一个体重计，要她当场称一称。她当时那惊恐的表情，绝对不是装得出来的。后来才知道，对于当代日本女孩，体重属于“top secret”（最高机密）。

生病，也是不能深问的。一般日本老师对学生缺席不问缘由，只是在点名簿上记个“欠”字。如果事后自称是因病，再改为“病假”。而我的课，要算病假，就必须有买药收据等去过医院的证明（不能强求“诊断证明”。一是可能涉及隐私；再是患者要为开这种证明另付一千到三千日元）。这是要让学生明白，“装病”在我这里是过不了关的。

问到“事假”，学生就会跟你说：“有点儿……”再问：“有

点儿什么？”“有点儿事……”再往下就不能问了——那可能就是“隐私”了。就像上次说到的，就算男女朋友之间，这句话也足以“挡驾”。

反过来，老师课外找学生有事，也是找不着的。因为不能问学生要手机号，男老师对女学生尤其要避嫌，学校行政部门也不会帮你联系。前几年，日本制订了“个人情报保护法”，将保护个人信息奉为圭臬。规定单位不能随便使用有关个人的信息，就连发给老师的点名簿上，学号也是少一位数，因为学生的电子邮址是按学号编的。当然，点名簿也不能让学生查看，因为学生的出勤、成绩，也是隐私。一位老师就因为把判完分的考卷当垃圾扔掉，而受到了学校的训斥。

当学生问到年龄，我会嘿嘿一笑：“秘密！”——让我也过过“隐私权”的瘾。

2009 年 2 月 26 日

38 | 日本人的“有点儿……”

上次说到学生装病不上课。如果问是什么病，往往回答是“风邪”。风邪，可以理解为“感冒”，但也可以只是“伤风”。不过在有的老师那里，“风邪”之类不能算病假——自我健康管理也是学生自己的责任。而事假不说什么事，只说“有点儿……”。

日本人的“有点儿……”是张挡箭牌。只要是不想痛快说出口的事，就用“有点儿……”搪塞。对方也一定很知趣，不会没完没了地问“有点儿什么”。因为后半句应该就是不言自明的了——“有点儿事儿”，“有点儿不方便”，“有点儿不舒服”，不一而足。

这种“半句话”在日语中很多，也很方便。最有用的是“Doomo”，这是最常用的前置语，没有汉字。比如，在说“谢谢”、“对不起”之前加上“Doomo”，就更显郑重。但是光说“Doomo”，对方也可以从当时的情景，推测你是感谢还是道歉。最方便的是，当你没听懂对方说什么，一句“Doomo，doomo”，也可以搪塞过去，任何场合都不会失礼。对日本人不能说没听懂您说什么，或者“请您再说一遍”，这会使对方自责没说清楚。

还有，日常的寒暄，根据场合、对象，都有定规，但又变幻万千，根本记不住。比如参加丧礼，烧香之后，要对遗属表示哀悼。这时说：“（看着）您忧伤的样子……”这也是半句话，后边应该是“我非常悲痛”之类。但这时只需说一半，说多了反而不好。如果连这前半句都记不住，光说“Doomo”也是可以蒙混过关的。

这在日本人之间就叫作“以心传心”——不说出口，也能明白。比如，请你讲演、向你约稿、聘你讲课，不明谈价钱，而是先道歉：我们的酬劳很难与您的身份相称，如有失礼，万望包涵，等等。这时就靠你从市面行情、自己的声望、对方的实力等去推测大概多少钱。如果失望了，下次就用“有

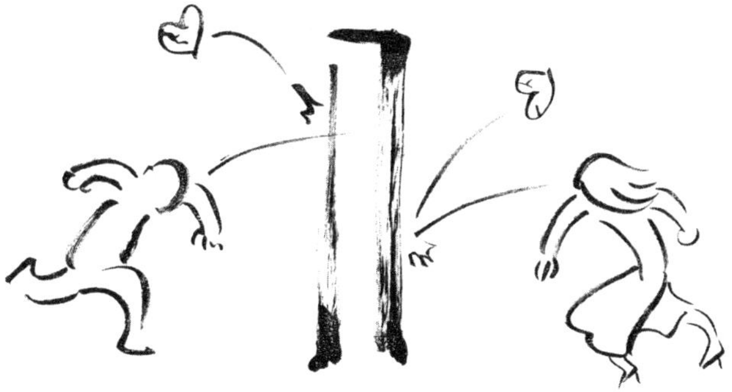

点儿……”推辞，对方也就“心有灵犀”地明白了。也可能喜出望外：给一家报社投稿，采用了，问银行账号，要汇稿费，没说多少，我估计一两万日元就不错了，结果是三万。

男女恋爱就更需要“以心传心”。《马话日本》第一篇就是《日本人不说“我爱你”》。为什么不说？爱不爱还感觉不出来吗？还用说！当然，以心传心也有一定之规。据说，约女孩子单独会面，成功了三次，就表明对方有意，下次就可以“进一步了”。最近还兴说“微妙”，以此作答，就应该理解为拒绝或否定。

但是，什么时候可以只说半句话，什么事情应该以心传心，却真是很“微妙”。我在课上，也逐渐学着只说半句话：“如果再不努力学习……”；“你要好好考虑考虑……”；“要不……”；“有点儿……”

期末，学生在问卷调查里抱怨：“马老师尽说半句话……”

2009 年 3 月 5 日

39 | 在日本问路

在日本，处在日语语言环境中，学“听、说”应该是很有利的吧？其实不然。当你和日本人聊天，没听懂对方说什么，或者想仔细辨认一下正确的发音时，说“请再说一遍”是没有用的。除了日语教员，没有人会照样再说一遍给你听，而一定是换一种说法，或者换个角度解释刚才所说的意思。

日本人可能是认为自己的话，造成了对方的理解困难，所以先要道声“对不起”，再用一个更加易懂的方式来说明。几经周折，好容易弄懂了我只是要再听一遍最初是怎么说的，却又想不起来了，只好大笑收场。

在日本问路，一定要留出充分的时间。因为日本人指路，也是“周到”有加。一次，我在一个工地门口问路。那人就说“请等一等”，回头和几个人商量、讨论，又见他一头钻进旁边的小屋里，过了好一会儿，拿着一张手绘的地图出来，边指边告诉我，现在你在这里，往前走，第几个红绿灯，往左，再过几个红绿灯右拐，看到什么样的大招牌，对面就是了，步行大约十分钟……

其实，几个人商量时，我已经听了个大概，大不了走一段再问一下。这厢为了赶时间，急得火上房，又不好甩手就走，可这位好心人还是慢条斯理，只好耐心听他讲完，郑重道谢后，再急急赶路。不过，日本人画的地图都是一目了然，因为从小学就有训练。不给你画地图，也一定会讲到认为你明白了为止。这种情况是经常的，所以，我在日本，不到万不得已不问路。

还有，问路最好不要到便利店。因为这些店员往往都是打零工的，不一定是附近居民。日本人又不愿轻易说“不知道”。但几个店员讨论半天，结果往往还是不知道。

日本有一些等人的“名所”——谁都知道的场所。不管是熟人朋友，还是未曾谋面，只要定在那里见面，就不会等错。东京涩谷车站附近的“哈奇公”像，就是尽人皆知的名所。

刚到日本，学生交流团体要请留学生喝“亲善”酒，地点就在涩谷。负责联络的女学生告诉我晚上六点在“哈奇公”集合。看我不懂，就告诉我，“哈奇公”是一座狗的雕像，到了涩谷站，指路牌上都有“哈奇公”，问任何人都会告诉你的。不但用英语把“忠犬哈奇公”的故事给我讲了一遍，还将“哈奇公”写在纸条上给我。

我那次当然是一打听就找到了。可是听说有一位同胞，大概没有纸条，也没记住“哈奇公”的发音，一下车就找人打听“猫”在哪儿（日本的站牌都用汉字，不会下错车，可他把日语“狗”和“猫”的发音记混了），弄得被问的人一头雾水。最后，他竟然“汪——汪——”起来。那人恍然大悟，一直把他领到“哈奇公”雕像前，找到了等他的人才离去。

2009年3月12日

40 | 忠犬哈奇公的故事

“忠犬哈奇公”确有其“犬”。

20世纪20年代，东京大学（当时称“帝大”）一位名叫上野的教授收养了一条小小的“秋田犬”，起名“哈奇”。哈奇可爱聪明，很受老教授宠爱。教授上班，哈奇就送他到涩谷站口。分手时，老教授一定要喂它一块饼干。下班时，哈奇又到车站来接。日复一日，年复一年。周围的居民，车站上的人都认识它了。有一天，老教授外出讲演，突发脑溢血，再也没有回来。可是哈奇还是到车站去接，接不到，就等在那里不走，三天没吃食。过路人都跟它说：“哈奇啊，老教授回不来了，别等了。”可日复一日，年复一年，哈奇还是每天

都来等。

一位当时住在涩谷站附近的老妇人告诉我，她年轻时就看到过“哈奇”。很老了，都站不住了，每天勉强走到站口，趴在那里等。哈奇的故事上了报，广为人知，就被称为“哈奇公”。更有雕刻家为它塑像，安放在当时涩谷车站前。铜像揭幕仪式，除了哈奇本“人”，还有三百多著名人士出席。

哈奇死于 1935 年，享年 13 岁。人们为它举行了盛大葬礼，上野教授的未亡人和街坊邻里，以及涩谷站的人都参加了，和尚还来为它诵经超度。遗骸与主人同葬一个墓地，皮被制成标本，陈列在国立科学博物馆里。“忠犬哈奇公”成了“忠”的偶像。1937 年开始，哈奇公的故事以《不能忘恩》上了小学教科书。但铜像在战争中被“征用”，直到 1948 年才得以重建。人们在涩谷约会，往往就约在哈奇公雕像前碰头。后来又有了“哈奇公前广场”。

铜像本身搬过几次家，不过大范围没有变，只是随着车站改建，总要让哈奇公对着站口。最近的一次改建，对面出现了一大墙的瓷砖浮雕。内容是几群狗，有大有小，还看得过去。但从没听说哈奇有过子嗣，总感到有些锦上添花，哈奇公本“人”也难得安宁。每逢选举、安全宣传周等期间，它身上就会被披上写有口号的绶带，实在是不伦不类。

进入手机时代，“哈奇公前”还是热闹非凡。尤其周末，人头簇拥。这时约会就要精确到“哈奇公前（或左、右）”几米，才容易找到。

日本很多大学有拉拉队，到有棒球比赛时，会做些特别的动作鼓动观众为本校呐喊助威。其男成员在学校也一天到晚穿着黑制服，见面互相大呼小叫地打招呼，好像很重礼仪和上下关系，却有些日本旧军人的味道。课堂上，这些学生亦是坐得笔管条直，但经常缺课，成绩不好，理由是拉拉队要排练。我曾对其中一位留级生语重心长：学生的主要任务是学习，因课外活动丢了学分不值得。答曰：学校荣誉才是最重要的，我要为拉拉队尽忠。结果期末还是不及格。

（作者注：文中“锦上添花”一词，是用其“多余”之意。）

2009年3月19日

41 | 日本人的“信仰”

前一篇讲到“忠犬哈奇公”死后，有和尚来为它诵经。因为日本人死了是要信佛教的。

日本人一生起码要信仰三个宗教：出生时是日本固有的神道，父母要带婴儿到神社，感谢平安生产；结婚时在教堂穿燕尾、白纱；死了进佛龛。据说日本有一亿零六百万人信神道，有近一亿人信佛教，加起来超过日本总人口近七千万。75%的日本人自称不信仰宗教，但其中八成却经常前往神社、寺庙或教会。很多家庭既有神棚，又摆佛龛。

日本古来有神祇八百万，什么事都有神管理，界限却不明：有了管农业的神，却另有谷神——以前提到的“稻荷神”——

据说是由秦始皇第13世孙的后代，从朝鲜半岛带到日本的。他以前兼管买卖兴隆，现在还要顾及产业。日本很多任务厂里就有神坛，每天早上，社长带着社员击掌参拜。中国道教中的“天帝”，也是琉球群岛的神。

翘着脚打鼓的惠比寿神出现在啤酒的商标上。他是渔业之神，同时也要“抓一抓”商业。而近来在中国人气很盛的“招财进宝猫”，还负责引进人才。

富士山等各山都有自己的神，外加一位全国的山的总管，还另有给予人以知识的山神“天狗”。其貌不扬，红脸，长鼻子。在中国归龙王爷一个人管的事，到了日本就“分权”了。除了有好几位水神兼龙神，还另有专司求雨的女神。少彦名神管国土开发，又兼药神，小孩子也归他负责。妇女病求到淡岛明神身上，似乎很灵验；夫妇圆满则要找农耕神；怀胎十月而想安全分娩，就归下照姬了。胎盘归胞衣神管。昔日胎盘要埋在家里地下，并叫来和尚祈念婴儿无灾无病，称“胞衣灌顶”。我住所附近就有一胞衣神社，据说也有产妇拿胞衣来埋，祈愿母子平安。

日本古来的信仰，寄寓于山川湖海、雷电风雨、生产繁衍等自然中，无所不在，原始而朴素。佛教经中国、朝鲜半

稲荷

岛于6世纪传入日本，与日本原始信仰接触、融合，神道观念才相对产生，进而与佛教相依而存，称“神佛习合”。

保食神，顾名思义就是负责食品安全。灶神虽然很像中国的灶王爷，但到腊月二十三，却不必给他嘴上抹蜜糖，让他“上天言好事”——日本的神除了神社，也没有别的地方可去，而大多又没有外形。反之，由人变成神的却很多。中国的我只想起关公成了财神，而日本却特有“现人神”：历代有名的天皇，如大正、明治；名臣武将，如德川家康、丰臣秀吉、乃木希典、东乡平八郎……都被奉为神。为无形的神制造偶像的发想，也可能来自佛教。

日本各类神社有八万。一位中国同事，来日多年，竟也习惯于每天早出晚归时，在冥冥中，向家附近的神社击掌，念念有词……

2009年3月26日

42 | 日本的“花和尚”

与动漫中的印象不同，实际生活中的“一休和尚”不但饮酒食肉，且男女色俱全，更有盲“侧女”相伴，以儿子为弟子。他生在室町时代（14—16世纪），传说是后小松天皇的皇子（非嫡出）。一休虽戒名宗纯，但号狂云子、瞎驴、梦闺，可窥风貌之一斑。他常腰插朱鞘木刀，手持骷髅拐杖，边走边喊“当心，当心”。一休到好友莲如住持庙里，枕着如来像午睡。主人回来撞见：你竟如此对待我赚钱的家当！两人大笑不已。

日本的和尚可以做生意赚钱。寺庙不但布教、祈祷、开斋场、办丧事，还经营墓地、停车场、幼儿园、学校等，而只要有关宗教的活动、土地，就可以免税。当然这种“占便宜”的事，其他宗教也是一样。但与中国不同，日本的和尚竟然可以携妻带子！

在日本街头，可以看到一种行乞的和尚——带着个大草（竹）帽，看不清嘴脸——手持铜钵，默默地站在那里等人施舍。据说是一种苦行僧，是遵守戒律的——不杀、不偷、不淫（不知能否结婚）、不妄语、不饮酒，但自己不干活，只靠乞食和不出家信徒给钱过活。

平常，日本和尚倒都是欢欢乐乐的。以前提到过的电影

《寅次郎的故事》中，有位和尚御前，是寅次郎家乡帝释天寺的住持。寅次郎和他的家人以及当地居民，有了烦心事都来找他。而他只是从一个饱识人生的长者角度为众人排忧解难，从没有听他念过一句佛经，反而颂扬青春，褒奖爱情，以致自己动了凡心而大声告诫自己，“不行！不行！”

日本现有七万五千座寺院，信众近一亿，但生活中的这种成为“政委”的和尚却很少了。人们提到和尚，就只会想到葬礼。

佛教六世纪经朝鲜半岛传入日本，那时日本正在走向私有制，而豪族开始从氏族首领蜕变为私有领主。以祭祀为中心的“古神道”，不能满足他们解脱罪恶感的需要，而佛教利他、彻悟以挣脱苦海的教义，遂成笃信对象。统治者借助教义明确的佛教来规范暧昧的神道，并以佛教的道德观施政。这种“神佛习合”的传统，留在日本人的信仰习惯中，以致现在还有一半以上的日本人希望“神佛相依”。

一直到江户时代，日本佛教的戒律还是很严的，并规定日本人一定要按佛教方式入葬。但到明治时代，为了建立近代国家，实行“神教分离”，排斥佛教，专崇神道，实际上是实行“政神合一”。当时大量的寺庙、佛像被毁，连贵族的墓地都要强制改成神道式的。可能是出于弛废佛教的目的，又规定“僧侣可以随便食肉带妻蓄发”。戒律解禁，“花和尚”由此而来。

战后，和尚已成为一种职业。日本又有长男继承家业的习俗。如果不让和尚结婚生子，那寺庙就都要荒废了。

2009 年 4 月 9 日

43 | “死”在日本

一位耄耋长者曾对我说：“在日本，可是‘死不起’啊！”后来才知道，在日本办丧事是很费钱的。不但墓地昂贵，而且诸项事宜花费也不菲。仅给死者请一个刻在墓碑上的“戒名”，就要几十万甚至上百万日元。

人死了，先要在家里或寺院办“通夜”，相当于中国的守灵。这时来吊唁的多是亲戚挚友，在专用信封里放上钱，登记姓名住址，然后到灵前烧香。日本人的丧事基本上按佛教办，所以一定有和尚在那里敲木鱼念经。这时烧的香像粗粒的沙子，捏起一点儿，举到额前，然后放入已经燃着的香炉里，一次也行，三次也行。面对遗像合十后，再向守灵的亲属表示悼意，就结束了。其中，关系更近的人会被请到后边吃饭喝酒。与肃穆的灵堂气氛迥然，这里觥斛交错，热热闹闹。

“通夜”往往是在当天或第二天，临时通知。如果是公司的上层（即使是已经退休的），原来的部下们更得马上赶去，甚至还得帮忙。所以，公司的衣帽柜里，要常备黑西装、黑领带；抽屉里放几个丧用信封和一串念珠（合十时套在手上）。

几天后举行“告别式”，认识的人都可以参加。“通夜”，顾名思义，你多晚去都可以，但“告别式”就不能迟到。因为一到点灵车就走了。在日本开车不能按喇叭（除非有危险），但灵车启动前往火葬场时，可以鸣笛一声。骨灰由亲属用筷子拣出，放入骨灰瓶，等七七四十九天后纳入墓穴。因为往往是一个家族一个墓，请和尚打开封石放进去就行了。如果另置墓地，那就不知要花多少钱了。所以也有人干脆“散骨（灰）”，回归自然。

从火葬场出来忌讳原路返回，怕鬼魂跟着回来。葬礼后会发你一小包盐。进家门以前，要将盐撒在身上、脚上，以洁身避邪。这是神道的习惯，与佛教教义相左。神道认为人死了是污秽的。

一位老妇人希望“生前葬”——自己给自己办葬礼。与其委托葬仪所包办一式一样的，不如按自己的意愿来办，还可以在死前亲自向邻居、亲友和孩子们表示感谢。向和尚咨询，居然得到同意，并提议让他们老夫妇一起办。接到“生前葬”通知的亲友却困惑应该穿什么衣服——参加葬礼应该一身黑，可本人又活着……最终大家都穿了平时的服装。说是葬礼，却和婚宴一样在酒店请客。有乐队演奏，有舞蹈表演，尽兴而归。可是费用也高达五百万日元。本人的体会是：好像给人生告了一个段落，从此更加珍惜每一天。

日本人为参加亲属的“法事（死后7天、49天和1周年等，请和尚念经）”，也是必须准假的。有个系列电影《钓鱼八嘎日志》，主人公为了请假去钓鱼，让自己的七大姑八大姨都早早地“死”光了。

2009年4月23日

44 | “筷子”在日本

日本人在餐桌上筷子是横着放的，不知理由何在，可能就是一种习惯吧，但我到现在还不习惯。不过我很欣赏日本的筷子是尖头的，据说是为了吃鱼方便。我倒是并不常吃鱼，可也觉得很好用。

日本人爱吃生鱼，但有些鱼是要做熟吃的。比如秋刀鱼，烤着吃，很好吃。秋刀鱼讲究不开肠破肚，整个儿烤。吃时可以品尝肉里带的微微的苦味。吃法也有讲究。我看到一个人，先用筷子把肠子分出来放在一边（如果不怕苦味，肠子也可以吃），再把鱼肉剔出来。这一过程需要比较细腻的操作，尖头筷子就发挥作用了。等盘子里整齐地出现鱼肉、骨头架子和肠子三个部分，再将萝卜泥倒在鱼肉上，加酱油一拌，就看他开始津津有味了。整个过程洗练、流畅，看着就很舒服。

日本人平常吃饭都是一人一份，有时还把饭、菜、酱汤放在一个木制托盘里。在家里也是一样。所以吃鱼也是一人一块或一条。日本人一般没有给人搛菜的习惯，不管是客人

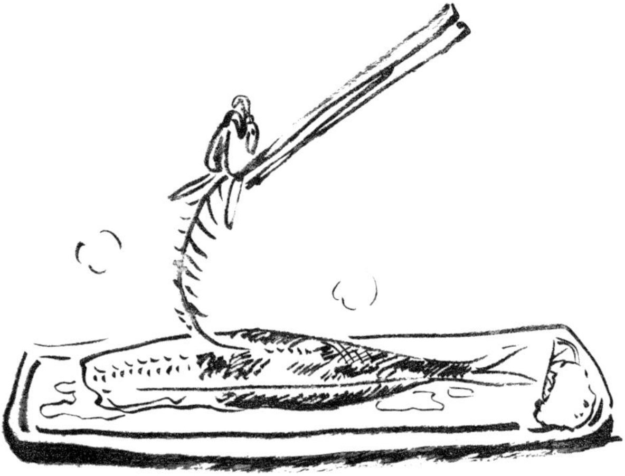

还是家里人，自己吃自己的。把面前的东西吃干净，也是一种礼仪。

有两位日本老人到北京家里做客。母亲左一样，右一样，把客人面前的小碟子搛得满满的。客人越吃越发愁，不好意思地问："如果吃不完，可以剩在盘子里吗？""可以，可以，当然可以……"

我在日本很少到所谓"中华料理"店去吃饭。真正中国风味的（严格讲是"中国料理"），贵得吓人，而一般的"中华料理"，却又都是日本化了的，还不如回家自己做呢。可日本人往往希望你带他们去吃"中华料理"。一次，我提议去吃日本料理或西餐，但同行的学生却想去中国菜馆。"为什么？""我很憧憬几个人用筷子从一个盘子里搛菜吃。"

在日本用筷子也有忌讳。比如，不能将筷子插在饭碗上，因为给灵位上供时才这样——与中国相同。但还要注意不能用筷子去接别人用筷子递过来的菜。这是因为上次讲到的，日本人只有在收拣骨灰时，才用筷子递遗骨。

送东西、说话，忌讳也不少。比如，日本人不怕朋友间送伞，不管什么"伞"不"散"的，作为男女间的信物都可以。但"切"结婚蛋糕就把新婚夫妇的缘分给"切"了，得说"入刀”；婚礼结束不是“完”，而要说“开了”；看望病人，要买花束，不能送盆花——花束是剪下来的，意味着祈望患者的病“断根”，而盆花却是有根的。

在某媒体工作时，一位日本同事住院了，几个中国人去看他——当然带的是花束，但其中有一位很会“说话”的女性，见面就安慰这位同事说：“放心吧，长不了啦。”当时就冷场了。因为日语往往不说主语，听上去，不知道是“住院时间”长不了，还是“性命”长不了啦。

2009 年 5 月 14 日

45 | 剩菜"有福"

中国人以前穷的时候，即使在外边请客吃饭，也要叫一大桌菜，吃不完，剩下就走，不兴把剩菜带走，怕人笑话是穷相。现在时兴打包，是一大进步。日本人在外聚餐，也会有吃不完的时候，这时也打包带走，但往往是让别人带回去。日本人不忌讳带别人吃剩的东西，带回去还要分给家人吃。因为日本有个说法——剩的东西里有福。不但是吃的，用过的餐具、茶具，穿过的衣服……送人也不是失礼的事。

日本人听说北京烤鸭的皮最好吃，日本店里的"北京烤鸭"就光给客人上皮。一只鸭子贵得很，却只给几小碟子鸭子皮。我告诉学生，在北京正式吃烤鸭，厨师服务到桌，边

片边吃。烤鸭的皮是好吃，但也是连鸭肉一块儿片，没有光吃皮的。餐后，客人还可以把剩下的鸭架子带回家，煮汤很好喝。

几个学生（社会上中文学习班的）请我到横滨中华街吃烤鸭。吃完，一个学生跟店员要鸭架子，店员颇显为难。学生指着我说："这是中国来的老师，中国人吃完都要带走鸭架子的！"过了半天，店员才拿来一个包好的鸭架子，千嘱咐万嘱咐，回去一定要加工熟了再食用。原来，日本的饭店是不能让顾客把半生的肉食带走的，怕食物中毒。

这样的请客，除了被请的人，钱是要大家分摊的。如是纯粹的聚会，即使是一块儿喝咖啡，吃点心，也要"AA 制"。我就看见过，几个主妇挤在咖啡店付款台前"AA"，精确到一块钱（相当于人民币 7 分钱）。有的干脆按账单各付各的。店员也得一个个收款找钱。一些店于是贴出告示：请统一付款。

有位小官员，偶尔约我喝喝咖啡，吃吃涮羊肉。但有时候，我要付账，他不让，却让我先走。我以为他接下来还有约会，后来才明白，这是为了要开收据，又不愿意当着客人开。

在日本，如果是想请客，就事先说好："今天我会账。"

别人也不会说什么，吃完喝完向你道谢，没有人举着钱包大呼小叫，抢着埋单。几位中国来的老师学生，我请他们在学校教师食堂午餐，当然无话可说。但下午带他们各处参观，再去喝咖啡，几个人就上来要抢着付钱。我赶忙说："在日本不兴这样，别人还以为咱们在打架呢。"

前几天，我带着电脑到一家餐厅，想写《马话日本》。旁边座位上是四位主妇。我坐下没多久，她们就要起身了。可刚抬起屁股，又都坐下了。因为突然想到还没算好账。四个人一起拿出手机，对着账单，确认自己要了些什么，开始加减乘除，又掏出钱包：我是整的，你有零的……算了半天才发现，不但需要柜台找钱，如果找头不再换零，还是"AA"不清。听她们大呼小叫了半个钟头，我的稿子也没写成。

2009 年 5 月 21 日

46 | “乌龙茶”是大阴谋？

喝咖啡，日本人往往去“吃茶店”，就是指咖啡店。这里除了各种饮料，一定还有冰镇乌龙茶。因为日本人都喜欢喝乌龙茶。

二十多年前，刚到日本。不管是学生还是大人，都以为我常喝乌龙茶，原因是我瘦。当时日本饮料公司的“福建乌龙茶”正畅销。有传说喝乌龙茶可以瘦身——中国人都喝乌龙茶，所以那么“苗条”，见到我，日本人就觉得果不其然。

我倒是从小就喝茶，而且喜欢喝酽茶。但到日本之前，却从来没喝过乌龙茶。只听说福建、台湾、广东一带兴喝这种茶。到了日本，我才第一次尝到——装在易拉罐里的，又淡又凉，一点儿味道都没有。回国请教内行人，才些许知道了如何享受乌龙茶的香味和口感。

以后，学生再问我，我就告诉他们：日本的乌龙茶是个“大阴谋”——只要是茶，就含有融解体内脂肪的成分，不管是中国茶还是日本茶。当然要浓一些的，都可以瘦身。像日本这么淡的乌龙茶，还喝冰的，根本不管用！不过，学生们还是将信将疑。

也难怪他们，日本乌龙茶的广告做得太出色了。清新寡淡，独具风格，成套成集，连年不断，是日本最有人气的电视系列广告。歌曲、念白多用中文。当时，中文还没有像现在这么普及，首先让人印象一新。最初几集，不知是没找到合适的人，还是故意的，那中文都带口音。学生问我说的唱的是什么，我也听不出来。他们不死心，就到乌龙茶的公司去问。那公司还真会做生意，居然将歌词、念白印出来分发。学生就拿回来要我教他们。其中“一、二、三、四，乌龙茶”学得最到家。据说还有人组织了小组，专门收集和研究乌龙茶广告。

乌龙茶广告的人物多选中国芭蕾演员——在街上、在舞校、在排练场上跳——难怪日本人觉得喝了乌龙茶能瘦。这

DANス

其中还引出了一些淡淡的故事：

学芭蕾的姐妹俩吃饭。姐姐为什么敢吃那么多？原来在喝乌龙茶。——夏天，姐姐恋爱了，茶饭不思，妹妹不懂，只喝乌龙茶。——妹妹大概正是青春反抗期，不吃姐姐做的饭，要喝乌龙茶。——在大学食堂，姐姐的男朋友问妹妹“还是高中生？”“哼，马上就是大学生了！”喝一口乌龙茶。——妹妹炸团子，姐姐尝尝很好吃，妹妹却在得意地喝乌龙茶。——姐姐搬走了，邻居给妹妹带来了点心，没有心思吃，摆上两杯乌龙茶……这九集系列从2006年一直播到去年。

另有中国各地风景的系列，武术系列，孙悟空和唐僧跳街舞的动画……还有从摘茶、制茶，到沏茶、品茶的系列——日本人也懂得趁热喝乌龙茶了。

二十多年了，带“乌龙”两个字的饮料层出不穷，但只有最初那种罐装的畅销至今。

最近的乌龙茶广告是熊猫系列。没有用活的，找了一只比较瘦的玩具熊猫。

2009年5月28日

47 | 日本人的单双数

中国人喜欢偶数，日本人喜欢奇数。在日本，婚丧嫁娶，最好送一、三、五（万元），十万因为是五的倍数，也可以。庆祝校庆，比如庆应和早稻田两所日本最有名的私立大学，都很重视 125 周年。日本人在孩子三岁、五岁、七岁时要有庆祝，吃“千岁饴”，祈求健康长寿。女孩在三岁、七岁，男孩在五岁，统称“七五三”，都是奇数。

“二”或是“双”，在中国意味着“阴阳”、“成双成对”，但在日本并非吉利。日本最早的一对神伊奘诺和伊邪那美，生下日本诸岛和各路神祇。后伊邪那美死去，伊奘诺去黄泉路追她。伊邪那美因死后惨相被看见，与伊奘诺闹翻，发誓每天要杀一千个人，伊奘诺就发誓一天要造一千五百个产房……所以，“二”又是对立争端的象征。

买东西送人最好也是单数。不过，装好盒子的点心好像都是双数，那只好送一盒。在超市，观察日本人买东西，也是奇数为多——三条黄瓜、五个西红柿等（鸡蛋是十个一盒）。很少有“四”，因为音同“死”。弄得我有时抓起“四”来，又放下一个——你不在乎，收款的还可能不高兴呢！就连西洋式茶具，也以五份杯碟为一套。前文提到“一、二、三‘四’，乌龙茶”的广告词，可能为了证明是真正中国茶吧。

中国人请客，上凉菜，一般是四个，而日本是三个。正餐与中国的四大碗八大碟不同，讲究三菜一汤。在日本常用的中文成语中，带“四”的往往是四面楚歌、朝三暮四等，加上日本特有的成语“四苦八苦”（千辛万苦。源于佛教），都不吉利。北京有“燕京八景”，但日本最有名的则是“三景”——宫城的松岛、京都的天桥立、广岛的严岛。

虽是奇数，但“九”也不受欢迎，因为读音同“苦”。而“三”在日本则很受青睐，刘备“三顾茅庐”的故事就很有名。中国汉朝时为抢传国玉玺，打得头破血流。但日本天皇则必须继承“三种神器”才算正统：“八尺镜”、“天丛云剑”和

“八尺琼勾玉”。据说原是伊势神宫等的镇宫之宝，但因是“神器”，不许看，谁也不知道具体是什么样子。一般认为“三种神器”放在宫中，但也众说纷纭。著名小说家松本清张的未完遗作《神祇们的乱心（疯狂、叛逆）》，据说就是以昭和初年某宗教组织称自己手里的才是真正的“三种神器”，据此聚众要篡皇位的“不敬”事件为背景的。

而对一般日本人来说，“三种神器”则是随时代变化的：20世纪50年代后期是黑白电视、电冰箱和洗衣机；60年代后期开始就是彩电、空调和私家车了；进入21世纪变成数码相机、DVD录放机和薄型电视。眼下大不景气，又后退到手机、游戏机和笔记本电脑。

2009年6月11日

48 |“吃草”的日本男孩

昔日，日本武士家庭生了男孩子，端午节要在庭院里竖起一根竿子，升起鲤鱼旗，祈愿孩子健康成长、出人头地。

挂鲤鱼旗的习惯源于《后汉书》鲤鱼登龙门的故事，为日本男子事业成功的象征。原来只有黑的，到明治以后才循中国“五行”说，出现五彩的。有的地方干脆在河上横挂两排五彩缤纷的圆筒状鲤鱼旗，被风一吹，很有些冲击龙门的感觉。有的“鲤鱼”竟长达一百米。现在，日本传统节日亦按西历，端午节也早了一个月，鲤鱼旗又成为日本初夏的代表性风景。但在城市里，住宅逐渐公寓化，没有地方挂了。不过，我的邻居在自家门上挂了一条小小的蓝色鲤鱼旗，才

一个拳头多长，颇可爱。

端午节自中国传入日本后，先与日本原有的妇女（旧历）五月插秧前清洗身体的习惯相结合，成为女性的节日。后在奈良时代（8 世纪）演变为宫中女子插饰菖蒲叶以避邪，还要接受天皇赐送的药丸子。

到了12世纪末的镰仓时代，因日语菖蒲音同“尚武”，其叶又呈剑状，五月初五端午节就转变为男孩子的节日。近代除了挂鲤鱼旗，还要摆放盔甲、头盔、日本刀和武士人偶等。第二次世界大战后，阳历5月5日遂成日本的儿童节，不分男女了。

但从眼前的日本男孩子身上，实在是看不出“鲤鱼”的影子：木讷、懦弱，鲜有生气，被女孩子讥讽为“草食系”，即不沾荤腥的“草食动物”。主要是因为现在的男孩子缺少“进攻性”。见到女孩子，要么满脸通红，张口结舌；要么干脆视而不见、低头躲过。如果女方主动“进攻”，那就更是不知所措，赶紧退避三舍了。甚至有女学生来我这里讨教：“老师，您看看，对这些被‘去势’的男孩子，怎么办才好啊？”话虽有失文雅，但也可窥到阴盛阳衰的现代日本，男孩子处境之“艰难”。

有人把这种状况归罪于不食肉荤的“健康”倾向。但实际上更加“素食”的女性，倒是相对积极，甚至是着急，被反讥为“肉食系”。因为，这么下去，不但青春虚度，甚至可能结不上婚。但就是没有想一想，原因很可能是在自己身上。

近年来，女生口头上对男生的最高“赞赏”是“可爱”。

大概受某些漫画的影响，见到“奶油小生”，或模仿漫画人物装扮的，就高叫“超可爱”。男孩子们为了得到青睐，就不惜让自己从外表到心里都越来越“可爱”。但真正交起朋友来，女生才明白，单单“可爱”是无法满足自己的。

加之日本女性在主张尊严的同时，对感情处理日渐任性。想好就好；想吹，一个电话，一条短信就分手了。男方如果厚着脸皮追问缘由，还会招来以“骚扰”为名的报警，弄得男孩子只有“吃草”一条路了。

2009年6月18日

49 | “河童”古今谈

日本关于河流的故事很多，除了“鲤鱼跳龙门”，最为家喻户晓的就是“河童”了。

“河童”依水为生，遍布于日本各地，但自古谁也没有真正看到过。据说身体像青蛙，嘴如喙，指间有蹼，但又是龟背，颇有《山海经》妖怪之风。河童头发似草，中间是一个装水的小盘子——它的命根子，如果没了水，河童就会干瘪掉。另有一形象近似类人猿，但河童与猴子却是死对头，因为比潜水，河童只憋了 12 个钟头，而猴子却能达 24 小时。

一说中国的“河伯”传到日本成了“河童”。更有专门家认为，河童就是《西游记》里的沙和尚。这在日本儿童文学

中已是“定论”。理由为沙僧随唐僧西天取经前，是被天帝罚下界，在流沙河一带吃人的妖精，而河童也是在河边作怪，拉人或马匹下水。别看河童个头不大，但相扑技艺高超，不好惹。传说河童会变成美女勾引人，男人一旦打了“她”，就会半身麻痹。

日本多河川，常有人溺水，但日常生活、劳作又离不开河川的恩惠，故有河童之类的传说，以告诫人们谨河慎水。对付河童也有办法。比如，见到河童，不要和它争斗，而要弯腰行礼。河童也会模仿，可一弯腰，它头上盘子里的水就洒出来，无力为害了。但如果碰到蔫儿了的河童，给它头上浇点水，它就会报答你，给你送条鱼，或教你制药之道等——索取自然，敬畏自然，似乎是日本神话的永恒主题。

东京浅草有一处“河童桥（没有桥）”，据说原是逢雨即涝的湿地。约一百八十年前，有位富人出钱填地以供穷人居住。附近隅田川的河童看到工程缓慢，就每天晚上出来帮忙，而能够见到河童的人就会财运亨通。实际上这里真正的地名是以那位有钱人命名的“合羽桥”，而“合羽”读音同“河童”而已。现这里为有名的厨具商店街，但还是供奉着金色的河童雕像。

现代河童形象可爱，多被用来演义保护动物和环境的主题。电影《暑假里的河童“咕”》，就借一个江户时代变成化石的小河童，在现代活过来后的种种遭遇，将日本社会讽刺得淋漓尽致。

传说中河童出没最多的“河童渊”，位于岩手县远野市。日本民俗学开山祖师柳田国男，曾有《远野物语》，录当地河童、天狗、座敷童子等传说，加“拾遗”共299篇。远野市观光协会发行一种“河童捕获许可证”，同时有7条规定：只许生擒，不能伤害；当心不要碰破河童头顶的盘子，不要让水洒了；不许用金属吊钩；饵食要用新鲜蔬菜（传说河童喜欢吃黄瓜，故用紫菜、米饭卷黄瓜的寿司称“河童卷”）；抓住后要报告观光协会，云云。

当然从未有人抓到过，所以在日本，河童至今属于“UMA”（未确认动物）。

2009年6月25日

50 | 神圣的榻榻米

提到榻榻米就想到日本。其实，榻榻米的原型在中国。“席地而坐”就是把“席”（原有草字头）字当动词用了。

也有人认为，虽然日本很多东西由中国传来，但榻榻米却是日本古来皮毛垫子等的伸延。奈良东大寺正仓院（宫内厅专藏古文物。世界文化遗产）所藏8世纪天皇用过的榻榻米，应为现存最早。但是薄的，与现代的不同。东汉末管宁与华歆绝交时割的席子，也不会太厚，否则不会那么容易割断。

日本的榻榻米原来是一小块，作为人体与地面的缓冲。家里人用时一块，来了客人则给两块。到了始于8世纪的平安时代，开始加厚，现在的标准厚度是5.5厘米。表面是草席，中间是稻秸，用织物包端边。原是贵重之物，因茶道和“正座”（最正式跪坐姿势）的形成，得以推广，到江户时代（17 世纪始）才进入寻常百姓家。之后发展到整个屋子都铺榻榻米了，又生出上次提到的“座敷童子”的传说。

座敷者，垫子也，亦泛指榻榻米的房间。据说座敷童子出没于家中，是孩子们玩耍的伙伴，亦会预报火灾、洪水、海啸等。人们相信，如果座敷童子得不到善待，生气出走，这家就会衰败或遭遇凶险。至今岩手县还有旅馆有座敷童子，随女主人嫁来，主司防火，招徕住客。

日本人进门脱鞋，也是由榻榻米而来。一是娇嫩的榻榻米经不住鞋踩，更主要的是榻榻米在日本人心目中是一种神圣的存在，不能践踏。武士家则讲究走在榻榻米上不能踩其端边，据说是怕“忍者”在下边用刀沿端缝插上来被暗杀。如果有人穿鞋进屋上榻榻米，那就是来打架拼命的了。学生帮我搬家，抬着很大的柜子，来不及脱鞋，进屋之前一定要说一声“土足（穿着鞋）失礼”。

“榻榻米”又称为日本房屋面积的单位。租房买房都以“多少榻榻米（1 榻榻米不足 2 平方米）”为准。洋式地板房也以“榻榻米”论面积，就出现了“5.7 榻榻米”之类的说法。

就连电视上介绍乾隆“三希堂”之小巧玲珑，也用“只有三张榻榻米大”。

中国人来日本，对睡榻榻米很不以为然。甚至日本接待单位特意在酒店中订了最高级的榻榻米房间，却因中方抗议是“打地铺”，而不得不在深夜更换洋式房间。

其实，睡榻榻米房间是很惬意的。一打开拉门，就会闻到一股草的清香。再加上三铺两盖，四仰八叉也不用担心掉床。因榻榻米易生螨虫，清扫不便，现在使用渐少，但在洋房、公寓中，一般还是保留一两间。

我住的公寓，原设计在客厅中心镶有四块“琉球榻榻米”，每块是一般榻榻米的一半大，用灯芯草手编，产于冲绳，很有特色。但因与家具不合放弃了，至今还在后悔。

2009年7月2日

51 | “忍者”今昔

东京地下有“忍者”？实际上是指地铁半藏门（皇居门之一）线。“半藏”取自服部半藏，日本忍者组织最盛期战国时伊贺、甲贺忍者的头子。伊贺忍者因与织田信长为敌，遭其血洗。后事德川家康，得到重用。

“孙子”六世纪传入日本后，“兵者，诡道也”遂成“忍者”的起源。“忍”字心头一把刀。而在日文，“忍”还义隐藏、躲避，也指间谍、密探。据说圣德太子就使用过忍者侦查豪族。但到江户时代各地对忍者的叫法还不尽相同：水破、伺见、夺口、乡谈、物见等，可见其主要任务是收集情报。还有女性的“步女巫”，现代称性间谍。“忍者”之称直到战后才由山田风太郎、司马辽太郎等作家开始使用。

忍者纪律严明，且非体能、智能杰出者不能充当。平日，忍者则以农民、商人、和尚、串乡艺人等身份分组潜伏各地。如有僧人来访，那就是他们的主子——大名或领主派任务下来了。隔门对上“切口”，和尚留下用忍者密码写成的命令，再由忍者解读——往往是刺探军情或盗取地图等。比如把一个大宅子的房间分布图偷出来，送给主子，以便奇袭。

人们至今对忍具、忍法、忍术津津乐道。不但各地有“忍者教室”，传承忍术，甚至海外亦有粉丝。忍者的武器有“手里剑”（飞镖）、绳钩、忍刀等。将手掌垫在脚掌下的“深草兔步”，用脚尖走路的“忍足”和踩落叶的“浮步”，都是为了不留踪迹。格斗技艺、飞檐走壁当然不可或缺。相传由德川家康所筑名古屋城的檐子上，至今留着防备忍者攀缘的剑状尖刺。

而最重要的则是“遁术”——搞到情报就要跑掉。忍者常携带干菱角，可撒在路上，以其尖角阻止追敌，亦可充饥。讹传最盛的是忍者穿着“轮樏”（一种雪鞋），能在水面上走。至今的“忍者比赛”还有这一项目，但实际上是在水面上浮了竹篦子。

忍者行动多在雨天深夜，于是发明了在牛角里放羽毛和水银，靠化学反应作为防雨火炬。受了伤，也只能自己配药治疗，所以忍者往往知晓天文、气象、化学、医学等。江户末年，佩里黑船袭来，幕府派忍者侦查美国舰队，为忍者之绝笔。明治后日本建立国家军队，忍者遂“下岗”，不少人以其特长转业为警察、医生、药剂师和焰火师等。

正因凡事都“忍”，有形无踪，故鲜有“流芳百世”的忍者。据传，生于伊贺的江户吟游俳人松尾芭蕉就是忍者，后被誉为俳圣，但其名著《奥之细道》可能就是关于当时仙台藩的密报。

忍者还分“阴阳”。上边所谈主要是“阴”，而“阳忍”则是运用“喜怒哀乐”之术，蛊惑舆论，挑拨离间，诈取情报。另有“恐吓”术——利用迷信，涣散对方军心，现代都属心理学范畴。

2009年7月16日

52 | 日本的警察

日本有一首尽人皆知的童谣《小狗警察》，讲小狗警察碰到一只迷路的猫，可是小猫既不知道自己的家在哪儿，也说不出自己的名字，弄得小狗警察不知所措……这是日本人对警察的基本印象。

但这警察不是刑警、交警，而是相当于中国的“户籍警”，在日本称为“巡警先生”（omawari sang）。如不出事故，交警很少见，只是有时女警察乘着小警车，查违规停车。见到车子停得不是地方，就从车窗伸出手，用一根头上有粉笔的长棍，从轮胎到地面画一条线，写上时间。转一圈回来，见没动地方，就写罚单，夹在雨刷上。现在交通规则改了，见到

就罚款，又由“协警”执行，更见不到真正的交警了。

来日之初，老辈曾叮嘱，日本警察水平很高，碰到什么事尽管找警察。到东京当晚，我就遵嘱实行——从旅馆出来逛街，找不到东南西北了。不会日语，就用英语向警察问路。对方不通英语，又拿出地图来指指划划，还是不得要领。再问过路人，才辗转回到旅馆。后来悟到，当时可能是实施“特别警戒”，那位警察是从地方上抽调来的。但我从此就尽量不找警察问路了。

日本警察最高机关——警察厅——在皇居的樱田门附近，故“樱田门”不但成为警察的代名词，而且“受到‘樱田门’的关照”也就成为被警察找麻烦的暗语。我也小小地受过一次“关照”。一天和一位中国同事边走边聊，突然被警察凶神恶煞地拦住，要验“外国人登录证”——日本法律规定，外国人外出必须携带，随时接受检查。来日多年，这是唯一的一次。好在两个人都带了。再一看，原来我们是走在一处自卫队驻地附近，汉语交谈引起了警察的不安。

这就更让我尽量不去惹警察，不想却找上门来了。一次，警察敲门。先是敬礼，接着就按着一个大本子核对家庭成员。事毕，告知是刚接任的户籍警某某某，以后有事可以找他……

再敬礼，走人。自始至终，和蔼可亲，根本不问我们是不是外国人。

“巡警”很好辨认。骑自行车（现在多改轻型摩托了），后座是个白色的小铁箱，走街串巷，满脸和气。他们有自己的亭子，但在偏僻住宅区，往往空无一人。万一有事，进去打个电话，就会来，可闹市区的警察亭子却是门庭若市，里边的警察也不那么和蔼。因为日本人什么事都找警察：问路、告状、发牢骚、夫妇打架……来了个喝得囊空如洗回不了家的，警察还得解私囊，借他车票钱。还不还就凭醉鬼的良心了。

出于对“特高”等恐怖统治的反省，战后日本警察坚持“不介入民事”。家里打架，找到警察亭，就劝一劝，基本不进家门。据说这却成为“家庭暴力”横行的原因之一。

2009 年 7 月 30 日

53 | 猫爪子与手势

日本的“招财进宝猫”被奉为“福猫”——举右爪的进财，在卖彩票的柜台上很多见；举左爪的招客，往往坐在饭店酒铺门口。有的店家就在进口处放一个举左爪的，收银台后边放一个举右爪的。一般是红白色的，但蓝的则管学习和交通安全，粉红色的管恋爱。两个前爪都举起来的，会让人感到“贪心不足”，不太受欢迎。

“福猫”现在中国也有了。可传到美国，就把爪子反过来，爪尖向内了。这是因为东西方人习惯不同。掌心向下，摆动手指，对中国人、日本人等来说，是叫人过来，西方则是赶人走——“躲我远点儿”的意思；而西方人招呼人过来，是掌心向上。

刚到日本，陪一对美国夫妇上街。进了地铁站，就摸不着东南西北了。我正在琢磨线路图（因为都是汉字标注），可那位美国夫人等不及了，向一位日本男子翘起食指，向内不断勾着，还笑容可掬。那男子满脸通红愣在那里，场面甚是尴尬。不管在日本或中国，那美国妇人的手势，都可以被理解为女人勾（引）男人；而在日本问路，都要恭恭敬敬走近对方，客客气气地打听。把别人尤其是女人把男人叫过来问路，是不可思议的。

中日之间的手势也有不同，比如表示数字。三，中国一般是拇指、食指成圈，竖起中指、无名和小指；而日本人则是用中间三根手指。中国人的“三”在日本容易被误解为“ok”——可能是西方传过来的。六到九，日本人只能用两只手了：将一根食指贴在另一只伸开五指的手掌上，表示“六”…… 我教学生用中国的手势数数，他们都觉得很新奇。可是自己在日常生活中，还得打日本的“三”。成了习惯，回到国内，一时改不过来。好在没有什么误解。

中国、日本，“×”（叉子）都表示错误，但“正确”在日本则是画个圆圈，“√”（对勾）在日本是没人明白的。尤

其是给学生判卷子时要注意。幼儿园的老师还要把圆圈画成一朵花，才能使孩子们心满意足。交通疏理时，用旗子或棒子画圆圈，也表示可以通过。

日本有过一则戒烟广告。一个人竖起一支假烟嘴：“我靠着这个戒了烟”；另一个人翘起小拇指：“我因这个‘戒’掉了工作（被解雇）”。在日本，小拇指表示女人，引申为外遇等。但是，两个人勾起小拇指发誓，与中国异曲同工，只是不说“拉钩上吊，一百年不许要”而已。小指在日本还表示诚意和忠诚。昔日，卖身的“游女”如果切下自己小指一节交给男方，就表示爱之强烈和忠贞；而现代暴力团（黑社会组织），其成员犯了“行规”，就要切掉一节小指赎罪。想洗手不干的，也同样。所以，在日本，小拇指短了一截的，往往使人敬而远之。

2009 年 8 月 12 日

54 | “不相信老师”

日本没有教师节，但到日本当了老师后，才稍微明白了“师道尊严”的意思。简而言之，就是“没商量”！

老师说什么就是什么，只要不是指鹿为马，学生就会囫囵吞枣。翻译课文，前言不搭后语。究其缘由，答曰：字典这么写的；教科书这么印的；老师这么讲的……反正都是取其第一义，接起来就是了。有时连我这个外国人都能看出日语不能这么说，可学生就敢这么写。逢到一词多义，如果我不说明，在别的环境下还有其他意思，他们就能一辈子只记一个词义。

我给学生订了三条“原则”：不相信字典；不相信教科书；

不相信老师的话！学生目瞪口呆：那让我们相信什么？相信你自己！为了使自己能判断是非去学习！

他们好像明白了。过不多久，“旧病复发”，我就让学生们背诵这三条原则。学生这时就高声背诵，亢奋不已。因为从来没有人这么告诉过他们。并且第三条故意不背“的话”二字，变成了“不相信老师”。还有人跟我玩逻辑学：您这三大原则，我们应该相信吗？

学生们平时也会老师长先生短的（日本人称老师为“先生”），很服帖，很听话。但如果你真放下“架子”，和他们“打成一片”，就会有被“蹬鼻子上脸”之虞——不叫“先生”了，叫你“马 sang”，甚至直呼“马”，就差拍你肩膀了。“～ sang”听着不顺耳，但也算是敬称。而直呼其名，就需要关系更亲近，否则就会被误解。

但是，总没大没小，不讲“尊严”，又是不行的。一位中国女同事居然被日本学生气哭了。问我怎么办。怎么办？你可别忘了你是老师啊！她若有所思：噢，明白了……

她是否真的明白，我不知道。日本的课堂，“生杀予夺”，一严一弛，全在老师。我只是以“弛”为主，以“严”辅之。看到实在“弛”得不像话了，就拍桌子大骂一顿。当然不是

真骂，而是“晓之以理，动之以情”：世界上还有多少孩子，不但上不了学，就连肚子都吃不饱！你们放着这么好的条件，还不好好学习，对得起父母吗？其实都是小时候老师骂我们的话。

那时课堂里可谓“连掉根针都听得见”。有学生在期末的调查问卷上感谢我骂了他，因为自幼儿园开始，就没有被老师骂过——痛快！

学年结束，学生聚会喝酒，有时也邀请我。一次，一个班的学生几乎都到了。酒过几巡，我准备告退，发现学生们都聚在酒铺门前。我一出门，就一起鞠躬：谢谢老师（汉语说的）！并送上一把鲜花——我生平第一次接受花束。老实说，真是差点儿老泪纵横。

接着又递给我一块日本特色的“色纸”（金边白底的纸板），上面写满了学生们热情洋溢的留言。中间几个大字：不相信老师！

2009 年 9 月 10 日

55 | 日本的颜色

中国大年三十有“春晚”，日本除夕有“红白对歌”。“红白”始于战后，至今已有59次了。几十对（组）男女歌手引吭竞喉，按男女决出胜负。以“红”代表女性，可以理解，但男为“白”，就有些费解了。“红白”在日本意味着对立——据说源于12世纪末期，导致平安时代向镰仓幕府过渡的“源平合战”。源氏打白旗，平氏揭红旗。

中国婚嫁寿诞都用红，披麻戴孝则是白（亦有黑）。而日本的“冠婚葬祭”（红白喜事）则是红白一起上。尤其是那红白相间的幕布，必不可少地出现在结婚、奠基、剪彩等仪式上。日本人不忌讳吗？其实，“红”代表婴儿出生；“白”意味着死后的装束。红白幕布寓意人的一生。女性结婚时的和服，亦有白色，但与西方婚纱表示纯洁不尽相同——无色无垢，敬待夫君涂染。

日本邮局的标志色是红。“红”当然也有喜庆的意思。日本人逢喜事要吃“赤饭”（红豆糯米饭），如女孩子初潮来临家人要吃赤饭庆祝她“成人”——中国人不可思议。“赤裸裸”、“赤贫”等词的“赤”倒是沿用汉语。也正因此，“红白”不称“赤白”。“赤”也代表革命，以前的“日本赤军”就以武力革命为宗旨。但红十字会在日本则为“赤”十字会。朱批的“朱”色，日本还在用，称印泥为“朱肉”、称印章为“朱印”等。

交通红绿灯中，日本称“绿”为“青”。现在也确实都改为蓝色的了。“青”界限模糊，中日相同，都指从蓝到绿的某个阶段。但是，“青”在中国又有“黑”的时候。有个日本老师教中国小说，就把“青布棉袄”讲成“蓝布”的了。黑白也代表是非，弄个青红皂白，日语是“分个白黑”。但黑白又意味着真假——有真本事就是“玄（黑）人”，否则就是“素（白）人”。涉嫌犯罪，说你“白”，就没事了；被证明是“黑”，就麻烦了。无照拉客在中国叫“黑车”，但日本却称“白的

ink
ink

（士）”。不过，日本人不拿“白”当状语：白吃、白喝、白费劲，他们不懂。

黄灯，中日一样，但“扫黄”日本人就不明白了。这个意义上的“黄”，日本基本上叫“粉（红）”。“粉电影”就是低俗色情片。虽是“18禁”，却可公开上映。与中国所谓“黄片”还有程度上的差别。其实绯闻的“绯”，是红里发黄。日本的黄，意味着调和，如主张劳资协调的工会称为“黄色工会”。

据说日本昔日传说中只有“赤白黑青”四种颜色，但生活中又有很多日本特色的“色”：水色，绀，樱花色，茜（近似胭脂红）。最难明白的是“玉虫色”——不是颜色的颜色，因甲虫类的“玉虫”颜色随光线变化不定而名。取其暧昧之意，常常出现在政治新闻中。

2009年9月17日

56 | 日本人的“色”

曾有一位中国女性，听说我久居日本，开口就问：“日本人特别‘色’吧？”我无言以对——说“不色”吧，不符合事实，但又到不了“特别”的程度。

确实，在日本，色情刊物、影视泛滥，对感官的刺激度可说是很强，但相对中国现在几乎逢网必“色”之势，日本也只能望其项背。或者说，色情归色情，正经的网站，是不会链接那些“性暗示”的条目来增加点击率的。男人之间也会讲些“黄段子”，但其“艺术性”绝不可能与中国的“媲美”。

色、性照片及映像的出版发行，日本有严格的界限。但对文字作品中的描写可以说没有限制。不过，曾在许多国家遭禁的《查泰莱夫人的情人》，也曾被日本最高法院认定为猥亵读物，直到 1996 年才出了日文全译本。

所谓日本人“色”，可能更侧重于一些行为与趣味的取向。在日本，是可以发现一些可能属于出格或异常的行为和观念的。日本女孩子如果骂男的“变态”，就是很厉害的抗议。不过，骂滥了，也就没什么威力了。听说欧洲一些国家的“变态”程度，似乎不亚于日本。从《十日谈》开始，一些名著对此也有深入浅出的描写。“见识”广了，也就见怪不怪了。

日本历来从社会观念方面对“性”压抑的要求并不像中国那么沉重，但又多少受到一些中国封建道德观的影响。所以在表现“性”和“色”方面，既不像中国那样遮遮掩掩，又不如西洋那样豪迈开放，至少对于“色”、“好色”，并不持绝对的否定态度。被誉为江户文学高峰之一的井原西鹤的处女作，就叫《好色一代男》。后又有《好色一代女》。

在日常生活中，对于性感女子，可以当面称赞“你越来越‘色相’了”，或者有着一双“色眼”等等，对方一般也会很高兴。“色男”相当于“handsome”，主要是赞美。但是“色老头”、“色爷”就是贬义了。

日本现代文学中，“色”亦是一大领域，不过没有到中国

现今这种几乎“无‘色’不成剧”的程度。我只读过些许川端康成，不敢妄评，但从《伊豆的舞女》、《雪国》，可以感到一种朦胧远山似的美。动漫大师手冢治虫也以《一千零一夜》、《埃及艳后》等为题，涉猎过色情领域。前几年，日本有一部借密尔顿小说名描写男女超常爱情的小说，曾引起轰动。中文译本也卖得不亦乐乎。恕我直言：感觉不到美。中国的《红楼梦》与《金瓶梅》虽不可同日而语，但如果局限于有关描写，也不外乎美与不美之分吧。

对日本人“色”的感觉传达得最好的中国作家，还是要推受到“私小说”熏陶的郁达夫。读读《沉沦》，对于理解川端康成的意境、三岛由纪夫的苦闷……不无一助。

2009 年 9 月 24 日

57 | 手冢治虫与日本机器人

阿童木今年 6 岁了，也是他的“父亲”手冢治虫诞辰 80 周年（故事中的“生父”是天马博士）。

阿童木的“前身”也是阿童木，是从 1951 年开始连载的漫画《阿童木大使》中的一个人物。一年后，《铁臂阿童木》开始连载，长达 16 年。1963 年开始在电视上播放的《铁臂阿童木》，成为日本最初的国产动漫连续剧。美国版“ATOM”将于今年 10 月上映。

日本人对机器人可谓情钟独有。据说日本“机器人”的原型是从唐朝传来的“唐缲”——吊线木偶。又与西洋的钟表技术结合，15 世纪便有了“karakuri”（机械偶人）。小到可

在案头端茶倒水的人偶，大到活跃在祭祀“山车”上的妖魔神祇。最有名的可说是“拉弓童子”：靠发条、皮筋和线传动，不但可以连续完成数次取箭、搭弓、射出的动作，还故意让其中一支脱靶，而偶人的表情则随成绩现出欣喜或遗憾。

据传“机器人”一译的捷克原文“robot”有“奴隶”的意思——被人驱使、压榨的人形机器。而“人造人”的文学形象则被认为第一次亮相于西方最早科幻小说《科学怪人》，是个脱离了人类控制的邪恶、危险的形象。手冢治虫曾在他的另一大作《大都会》中表示：不知何时，人类将自灭于发达过头的科学。

但手冢等日本动漫大家笔下的机器人——阿童木、机动战士钢弹、机器猫、攻壳机动队、机动警察……虽然都是力大无边，但多是正义善良的。这可能是由于不管漫画还是动画，最初的对象设定都是儿童吧。

儿童长大成人，要将孩提时的遐想付诸现实，真的机器人就一个个造了出来：流水线上的、照顾病残者的、与人对话消遣的、跳舞唱歌的、打扫卫生的，不一而足。

人与猿的分界似乎在于是否能两腿直立行走。本田、索尼、雅马哈等研制的直立行走机器人，也将成为“机器人史”

上的里程碑。学者们发现，日本与其他国家相比，特别执着于机器人要像人，尤其是技术要求极高的两腿直立行走、语言反应和眼神表情。

生活中的日本人是讲究喜怒不形于色的，抑制情感表露，以至达到毫无表情的“能面”。但另一方面却在尽力研究如何使机器人表现出喜怒哀乐，甚至在机器人之间进行感情交流。有一出人机同台的话剧：一对夫妇和男女两个机器仆人，当女仆发觉男仆与女主人谈得正欢，“她”居然懂得回避，而且是悄悄地。新任经产大臣到筑波调研削减科研经费，却受到体态婀娜的“女”机器人歌舞相迎，颇有以“色相”要经费之嫌。

今年还是日本发生最大核事故——东海村JCO临界事故的十周年。当时轮番冲入现场处理事故而受到超量核辐射的职员达二十多人，两人死亡。但至今没有听说日本在研究抢救核事故的机器人。

2009年10月15日

58 |“能面”日本人

“能”是“能乐”的一支，产生于日本农村祭神娱乐的民间舞台剧种，比始于江户时代（17—19世纪）的歌舞伎出现得早，14世纪中期的镰仓后期至室町前期已经成形。现在两者都是日本传统艺能的代表。

“能”的特点是演员要戴“能面”。能面给人的印象往往是一张白脸，毫无表情，牙齿漆黑，眉毛高高地画在额头上。大多雕木而成，现代也有用纸成型的。白脸能面主要代表女子，但实际上“能”中有男女老少、妖魔鬼怪各种角色，所以，有些能面还是很生动的。比如头长犄角的鬼面，就面目狰狞，甚是可怕。

“能”又分为“现在能”和“梦幻能”。后者以死者为中心，从死者的观点出发看待世界。鬼往往是主角，而生者只是配角。亡灵在活人梦中登场，讲述自己是如何死的，手里还拎着自己的首级……据说，这在世界演剧史上也是绝无仅有的。有人认为这反映了室町后期日本战乱频繁，人们时常面临死亡的社会状况。

“现在能”中扮演成年男子往往不戴面具，但又不允许演员做出表情，也就是所谓“直面”，用自己的脸来表现“能面”。

这种“能面”在日本日常生活中也是随处可见。尤其在地铁、电车上，眼前都是一张张的“能面”。外出郊游，一家四口，各捧一本书，谁也不理谁。如果不是坐在一起，

根本看不出是一家人。一位日本老师告诉我：日本人是尽量把感情压在心里，不表现在脸上，其极致就是“能面”。我想，如果日本人连眉目传情都不行，那真的只好“以心传心”了。

给日本学生上课，最初就怕看到课桌上那一张张的小“能面”。不管你讲什么，如何讲，甚至手舞足蹈，对方就是毫无表情，没有反应，不知是听懂了还是没听懂。一让学生提问题，他们就开始收拾笔记本——因为在日本这就意味着老师要下课了。

我也用过“能面”——接了新班，第一次上课。一进教室，一言不发，连满教室的学生也不乜一眼，拿出DVD，就放有关中国的影像。这时我再坐下观察这些新面孔。影毕，在黑板上写下自己名字，开始自我介绍……半年后，才有学生战战兢兢地说："老师，您第一次上课，可把我们吓坏了……"其实，"能面"是一种气氛。可以制造，也可以化解。

一个班的学生中，总有几个活泼的。摸清老师的脾气后，就不时接个下茬儿，开个玩笑。有个学生"抗议"我口试标准有"格差（差别、差距），不公平"。我回答：现在日本就是（贫富）"格差社会"，你到哪里去找公平？教室哄堂大笑。这学生因此外号"格差"，甚至被我略为"格"。每逢空气沉闷，我就叫声"格～"，跟他开两句玩笑，活跃一下气氛。

2009 年 10 月 22 日

59 | 所谓“剖腹自杀”

“文革”中曾谣传一位伟人“剖腹自杀”。可当时就有老人告诉我：不可能！剖腹在日本是一种仪式，是要人帮忙的……

从古至今，“切腹”（剖腹）的日本名人不在少数。平安末期（12世纪初）的著名弓手源为朝，卷入天皇兄弟间的纷争，被流放伊豆大岛，又被追讨，只好倚柱高颂“南无阿弥陀佛”切腹，被认为是最初的剖腹自杀。

到战国时代（1493—1573），切腹成为对武士等有身份的人的“名誉死刑”。如丰臣秀吉赐茶道始祖千利休切腹等。当时日本人认为切腹是贯彻武士道勇壮精神最恰当的方法。据

著名教育家新渡户稻造《武士道》一书，日本人自古认为人的灵魂和爱是宿于腹部的。

据说，“为了自己的名誉或赎罪，切腹以偿”是“日本的传统”。自己要切腹的理由可以多种多样：殉死；不被生擒受辱；承担责任，以至万念俱灰也可以切腹寻死。但不够武士身份的人，想死还不许你切腹呢！而被命切腹的有几天准备时间，有人监视，刑前要沐浴整装，按一套规定行事。

庆应四年（1868），发生了日本藩兵与欧美驻日使节冲突的“神户事件”。在列强的逼迫下，政府只好答应让当时的队长泷善三郎当着7个外国检视（监视人）切腹谢罪，并留下现场记录：“在寺院本堂佛像前，新的榻榻米上铺着红毯，烛台发出神秘的光。32岁的泷善三郎身着武士礼服，静静地走进来，跟着一个‘介错’（帮忙的）和三个官员。他先后向在场的日本和外国检视致礼，然后凛凛地走上红毯，向佛像行礼后转身正座。官员递给他一个木盘，放着卷上白纸的‘肋差’（短刀）。他双手高举过头恭敬接过，放在面前。然后高声：‘拙者负罪切腹，有劳各位检视了。’再行礼。脱下上衣，垫入腿间——为了切腹后能按武士的标准向前倒，然后抓起眼前的短刀，沉思片刻，从左方刺入下腹部，向右拉，再将刀刃转向上方。他不发一声，神色不改，直到拔出刀后，才向前扑倒。这时站在左边的介错挥刀斩下，身首分家……”

“介错”是为使切腹者减轻痛苦的。但这个介错干得不地道，应该留一层皮，因为尸首分家被认为是不孝的。还有的人不懂如何切腹，只好用折扇或木刀比划一下，拜托介错斩首了事。

明治维新后切腹被禁止，并改死刑为绞首刑至今。但明治天皇死时，有乃木希典陆军大将切腹殉主。二战投降时也有几个高官切腹。战后，思想极端的著名文学家三岛由纪夫，因鼓动自卫队政变失败而切腹。据说当场也有介错帮忙的。

现在日本人觉得“切腹”是“犯傻”，但表示要负责时会用手在肚子上比划一下。当然只是辞职或剃个光头谢罪了事，所以也称“（斩）首（kubi）”。

2009年10月29日

60 | 日本人的“谢罪”

日本人兴道歉，而且说法很多：失礼；对不起；请原谅；添麻烦了；无言以对，面目全无；谢罪……最重的道歉就是趴在地下，我都这样（求你了）……光是用“谢”字的就有“陈谢”、“深谢”、“万谢”、“恳谢”、“鸣谢”、“谢罪”、“深表谢意”……

“谢”在《春秋》中还是辞退之义，似到了汉以后才有了感谢以及道歉的意思。日文的“感谢”与中文一样，但在其他“谢”字的组合中，往往是歉意。另外还有一些很难直译的：御免（请免去、原谅我的过错）；我（因对不起你）心中很痛苦；惶恐之至；敬请原谅；恳请饶恕……

到日本先要学会动辄道歉和被道歉。需要习惯在你觉得不需要时，别人会向你道歉；也要记住在你认为没必要时向别人道歉。即使是两人因公事见面，也要说百忙中占用了您的宝贵时间，非常抱歉……

“对不起”说惯了，到了国内也收不住。买东西招呼售货员：对不起……话音未落，对方一脸怒气：“什么‘对不起’？！”好像不是我“对不起”她，而是让她“对不起”我。所以，一回国就要角色转换，憋足劲儿：“哎！给我拿那个！”不过近来“进化”了——什么都“不好意思”了，大概是按什么礼貌规程吧。可脸上却连道歉的意思都没“意思”出来。

日本人的道歉用语这么多，真到需要道歉时，也惜字如金，吞吞吐吐地没个痛快话。学生犯在我手里，来道歉：“……真是说不过去……”但如果情节严重，或者只想形式上道个歉就了事的，我就会声色俱厉：“不是说声‘说不过去’就可以过得去的！”学生听了会很诧异。日本人一般只要道了歉，也就行了，像我这样不依不饶的老师大概也少见。

丑闻曝光，当事单位的头头或本人当众道歉，往往不谈事实对错真假，而只是一个劲儿地讲：“因我而惊扰世间，实在是不知如何是好”云云。当知道道歉、谢罪也无补于事时，

干脆就什么也不说，引咎自杀了事。当然，这种“引咎”的人不一定真正是“咎”之所在，很可能是为他人或部下受过，也可能是为了某个组织或上司背黑锅。后者在日本政界、财界尤其多见。

日本人自己不愿意真心道歉，但却非常注意别人是否道歉和道歉的姿势。庭审故意杀人案件，被告人是否表示悔意，最终陈述中是否向被害者家属道歉，以至退庭时是向旁听家属深深鞠躬，还是微微颔首，抑或毫不理会，都会被媒体详细描写（日本法庭不准摄影），也是家属在表态时，对刑期要求的一个重要条件。

中国人即使道歉，也要马上解释原因，找理由：路上塞车啊，手表慢了啊，家人突然病了啊，才迟到的……而日本人道歉时不辩解，不管是自己的错误还是替人受过。

2009 年 11 月 5 日

61 | 有礼无礼日本人

中国人惊叹日本人的“彬彬有礼”。一是周到——随时随地都会有人向你行礼。二是规范，比如鞠躬礼。在什么场合，对什么人，如何行礼，都是有定规的。会释：弯曲 15 度，在与熟人不期而遇时，可以不说话；敬礼：30 度，最一般的行礼，如对商业往来的一般对象；最敬礼：45 度，对高级人物、重要客人，或郑重表示感谢、谢罪时，而手里不能拿东西，男要两手按住裤线下滑（穿西装时），女性要把两手指尖搭在一起。还有 90 度的，只对天皇等“身份极高”的人物。

不管什么度数，都要以胯骨为圆心，“点头哈腰”被认为是不郑重的。你还可以看到，日本人一边口中念念有词，一边鞠躬。其实这是不规范的。应该是先看着对方的眼睛，把致意、感谢或道歉的话说完，再鞠躬。鞠躬时，先要吸一口气，鞠到角度，呼气，再吸一口气，直腰，再呼气。

至于对天皇，一般场合好像也不必鞠到90度。在天皇伉俪主持的春秋赏花会上，客人们可以很随便地与皇族成员交谈。那么多人挤在一起，似乎也没有空间可以90度鞠躬。现任天皇夫妇很“人性化”，视察灾区时，甚至还自己跪下与灾民促膝交谈。

但在正式场合，真是要90度的。比如内阁成员从天皇手里接受任命证书，或有功劳者授勋时，就得先鞠躬90度，再双手接过证书，再鞠躬。然后高举着证书，面朝天皇退出。因为把臀部对着天皇是失礼的。奥巴马访日面见天皇，行大鞠躬礼，作为西方首脑是罕见的。但日本人觉得他很能理解东方的礼仪，有跨文化的宽容度。

鞠躬礼据说七世纪由中国传入，但你也会看到不少“无礼”的日本人。而最不讲礼貌的就是大学生，除了认识的，绝不会给老师让路。如果你给同行的女老师开门，男学生就敢抢先进出。我在某大学学生食堂，与一位上了年纪的女老师共进午餐。竟有一对男女学生过来说占了他们的位子，让

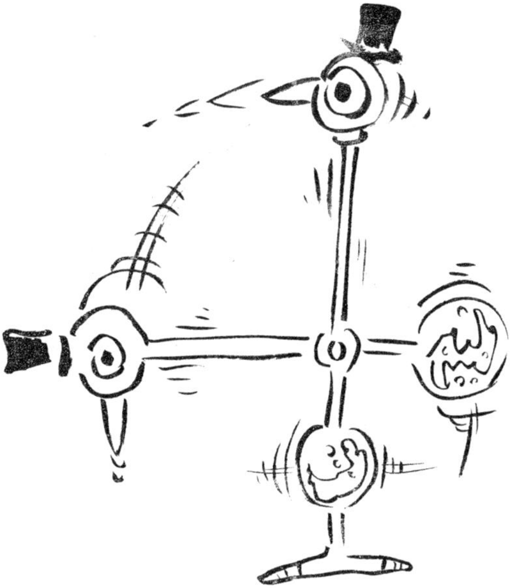

那位女老师赶快吃完走人。气得我跳起来让他道歉，才悻悻而去。

这其实都是“家教不严”。有些学生心里不高兴了，就可以连父母都不理不睬。过问一下学习，还会招来一句“啰唆什么”，父母居然束手无策。但是为什么社会上的日本人又那么“懂”礼节呢？因为到了三年级第二学期要开始找工作了。不但要穿标准西装，举止礼仪也要像个样子，否则不会有公司要你。而一进公司，更会受到严格的礼仪训练，甚至要用角度尺来量你弯腰是否到位，再出来就“人模人样”的了。也正因此，日本人的“彬彬有礼”总让人感到透着假。

而站有站相、坐有坐相、礼貌周到的学生，基本上是公司出来的回炉生或在“塾”（补习学校）教课打工的。

2009 年 11 月 19 日

62 | 日本人的“表里不一”

日本学生找工作，面试时一定要说，贵公司是我的第一选择。而面试官心里明白，他想说的是：别的公司都不要我，只好到你这里来了——学生说的是“建前”，面试官听的是“本音”。“建前”就是面子话，而“本音”当然就是心里话了。商谈时，对方如果回答“研究一下”，那就是“No”，而如果是“‘向前看’地研究”，那就有戏。

这种程度的“建前”和“本音”还算“小儿科”，而下面的就不一定弄得清楚了：男女吃饭（一般是AA制），饭后女方说，今天吃得真高兴，下次再叫我啊。而下次再约，就可能是：“哎呀，今晚正好有事，有空我跟你联系吧。”但不要

等了，不会再有联系的——“本音”是不想再约会了。

你不要怪她，因为和你没有亲近到可以不用“建前”，理由是“不想伤害对方”。对男性“真假话”分开说的日本白领女性竟有77%。最多是在工作单位，其次是对初次见面的人，再就是与约会对象。

问女孩子“有朋友了吗”，说“有了”的几乎为零。但从以下的回答中，你应该听出什么样的“本音”来呢：“没有！”——当然有啦，关你什么事；“有合适的给介绍一个吧”——不是你就行；“就算有吧”——想换一个；“没机会啊”——跟你在一块儿算不上（交友）机会；“半年前吹了”——你可以考虑（成为男友）。而如果是嗲声嗲气地娇嗔“干吗问这个啊”，那就意味着“我喜欢你”。

你问对方要手机号。“你是不是见着个女孩子就要号码啊”——不想显得我太轻率；“嗯，待会儿”或“先把你的告诉我，有事我跟你联系”——不想告诉你。如果反过来看着你的手机：“啊，真棒！什么牌子的？”——想知道你的号码。

“建前”一词源于盖房子时上大梁前，房主要请工人吃喝一顿。表面上庆祝“上梁”，实际上是为了一直到垒墙、内装修都能好好地为我卖力气。

其实，“表里不一”并非日本人才有。中国推崇“表里如一”，西洋人也似以直率、坦诚为根本，但日本人则将“表里不一”“正当化”，以至被认为是“伪善”。

日本著名心理学家土居健郎有名著《表与里》，认为日本是“组织”高于“个人”的社会。“建前”（表）是众人共识，而“本音”（里）则是个人意志。日本人认为表里本应该不一致，但又非不可解的矛盾。讲究在维护“表”（公）的社会正当秩序的大前提下，如何顾及“里”（私）而在一定程度上达到“自我实现”。

但是，与“公私分明”不同，日本的“表里”界限是暧昧的，到了表里一体的程度。如果某天上司拍拍你肩膀：“我真为你担心啊……”有可能是真的替你担心，也可能意味着“你快被炒鱿鱼了”！

2009 年 12 月 3 日

63 | 一年五十二块的交往

日本对每个月份都有别称，如 3 月为弥生，10 月为神无，而 12 月则为师走。“走”按中文古训为“跑”。也就是说到了繁忙的 12 月，就连平时不紧不慢的老师（一说是和尚），也得东奔西跑了。

首先是忙着开“忘年会”。不知日本人为什么一到年末就要把这一年忘掉，好像一切都是那么不堪回首。其实忘年会和中国的迎新会差不多，但是分公私两种。公司举行的以自助餐形式为主，外加演演节目抽抽奖，往往是业绩好的大公司才办得起。

岌岌可危的中小企业，加班还来不及，哪有闲工夫开联

欢会。但职员们总还是要“忘”一下年的。以科、室、组等为单位，十几个人去居酒屋喝一顿，也有近似“献丑”的表演助兴。景气好的时候，你的几个交友圈都会有忘年会，真是要东奔西跑了。

在家里就要忙着送年礼、贺年卡和做年饭了。年礼叫“岁暮”，一般送给对自己有过恩的人，比如上司等。可到百货公司订好，替你送货上门。但一份要几千到上万日元，不能多送。

而“年贺状”——贺年卡，则每个人要送出几十张甚至几百张。日本自8世纪的平安时代，就有了（阴历）新年上门拜年的风俗。后来又有了“飞脚”（特快专递）送贺年信的。明治建立了邮政系统，战后又开始发行与明信片等值的邮政“年贺状”，价廉物美，一下子成风。现在每年要发行三四十亿张。

日本人讲究礼尚往来。但如果一年里一次也没见面，没联系，甚至连电话都没通一个，那年末相互发一张贺年卡，也就不会断了来往。一位日本人笑谈：和日本人交朋友便宜吧，一年花40块（日元）就行了。现在一张贺年卡涨到52了。

以前的贺年卡要一张张手写，大量的就要送出去印。现在用电脑就可以随心所欲地设计、印刷了。我从二十年前开始，就让女儿画了下一年的生肖印在贺年卡上。虽是涂鸦，却显得幼稚可爱。年复一年，我的一位老师居然成了“粉丝”，不但按年保存下来（我自己可能都没有存全），而且每年还一定要回信评论一番。

日本人也讲究新年头三天不起火。据说是因为“在恭迎神仙的新年，不能让灶台喧哗”，所以年饭——御节料理——基本上都是冷菜。重要的有三种，各有寓意：红烧鱼（年年有余）、鱼子（子孙繁茂）、黑豆（勤勉健康）。另外还有藕片、鸡蛋卷、烤鱼、海带、香菇等，豪华的会有龙虾。做好装在一个个盒子里，等到元旦才能开始吃。喝屠苏酒，配上热的年糕汤。

那么，年夜饭吃什么呢？荞麦面。日本人称之为“年越荞麦”。日本的荞麦面虽然精细，但毕竟寡淡。唉，这种“年”忘了也罢。

2009 年 12 月 10 日

（注：从 2017 年 6 月起，日本明信片涨到 62 日元，但贺年明信片还是 52 日元。）

64 | 中日既不同文也不同种

“一衣带水”、“同文同种”，似为中日关系的金科玉律。

“一衣带水”出自《陈书》、《南史》所录隋文帝语，水指长江。现在喻中日地理距离之近。至今日本的和服还缺不了腰带。

中日是同种吗？日本人对自己的“种”一直众说纷纭。有说是蒙古人种，经朝鲜半岛而来；又说与长江文明有关；还有人认为，日本人可能是从云南来的，理由之一是云南的酱的做法与日本相像，云云。到目前为止，中日既不能肯定异种，也不能认定同种。

至于同文，那更是不着边。日语的起源到现在还没有定论。但从语言形态来讲，属于粘着语系，相近的有蒙古语、朝鲜语等，而汉语则是孤立语，分属两大系统。

日语的原始语言大和语发展到需要文字的阶段，正好大陆与日本开始交流。日本人接触到汉字，硬是把不同语言系统的汉字这一表意文字，辅之假名，用于大和语。汉字表意、假名表音，使日语形成了罕见的表音表意一体的语言文字。貌似中文，又绝不是中文，是融入了日本人特有的文化、历史，穿着汉字外衣的另外一种语言。

但中日两国人碰到对方的汉字，却很难摆脱母语的干扰而完全从对方的角度去理解，这正是中日两国人互学对方语言最难之处。日语的汉字不分四声，经常会望文生义，闹出笑话。如日文“看病”，不是有了病找大夫，而是看护病人。“肝心”不是指内脏，而言重要。

加上历史因素就更麻烦了。“爱国”是中国人的天经地义，而在一般日本人则是唾弃的对象。因为战前政府就是用“爱国”逼迫无数日本人走上战场的。即使战后，日本人也觉得这个国家、政府没有什么可爱的，叫喊“爱国”的只有“怀旧”的右翼。而只要宣扬中国人“爱国”，就足以让日本人厌恶了。

日文汉字基本保留着中文古义：“我走了”就经常被学

一刀两断

生译成“我跑了”。日本人钻研汉字可谓到家。“恋爱”一词，在日语中可分可合。恋，指总想见面，而又无法待在一起，“爱”则是为对方可以牺牲自我。寂寞用“寂”字，但也用“淋”字。在日本人的意识里，“寂寞”也是一种美，馋了也说“口中寂（寞）”；而“淋”则来自梅雨季节，没完没了地下雨，弄得人走投无路。

成语三顾茅庐为“三顾之礼”；卧薪尝胆为“座薪尝胆”；“以心传心”、“一汁一菜”则为日本独有；而“一刀两断”不是分手，而是处理迅速。

日本人自造的汉字也很有意思：十字路口为“辻”；山路过山梁处为“峠”。前者勉强读为“十”；后者就没法用汉语念了。

我录了一段电视节目，没录全，将DVD借给学生，写上“不全”。对方以为是“心不全”——心力衰竭，吓了一跳。

2009年12月17日

65 | 和服的腰带

“一衣带水”喻近到隔水相望。现在中国人想到腰带，往往是细细的一条。但和服的腰带却是很宽的，在穿和服时起着很重要的作用。

电影《细雪》中，长女鹤子出场，专门从背后给了她一个脱下外套，露出和服腰带的特写：黑底上金丝锦绣。虽是赴二女家宴会迟到，和服本身也不艳丽，而那黑金腰带，却把本家长女的威严，一下子洒向了所有在场的人。

《细雪》是著名导演市川昆根据日本耽美派作家谷崎润一郎的同名小说改编的。通过莳冈家四个女儿的日常，将其优雅的生活展现在银幕上。据说仅和服的费用就达一亿日元。

女性和服的腰带和衣服部分不是一开始就搭配好的。一件和服可以配不同的腰带，反之也如是。而配什么腰带，不但要考虑到与和服本身色彩的配合，还需要应时应景应天气，更要表现出自己斯时斯地的心情。当然服装主人的审美水平也就一览无余了。

影片中有一个长女鹤子为了参加三女雪子的相亲，让二女幸子帮她选腰带的场面：绚丽多彩的腰带放了一地（榻榻米），试了一条又一条，好容易选好系好了，鹤子又说不行："这带子在'咕咕'叫呢！"二女贴近腰带一听："真是在'咕咕'叫呀！"四五十岁的两姐妹，倒在地上，笑成一团……而女主角三女雪子（吉永小百合饰）的和服与腰带的搭配，则无处不衬垫出她典雅沉静中的忧伤与无奈。

日本孩子一般在三岁、五岁或七岁时，要进行第一次穿和服的仪式，称为"带初"，也就是第一次系腰带。据说初起于室町时代的贵族之间。这个仪式不能由孩子的亲生父母，而要由"干爹干妈"来做。日本人没有干亲的概念，称"带亲"，可见腰带在日本人生活中的重要意义。

穿和服系腰带很复杂。那么宽的腰带，又要平整熨帖，又要在背后打上个大结子，穿不好一会儿就走样了。所以往往要有人帮忙，或者花钱到专门的“着付”店去穿（加上做发型）。每逢春天，很多女学生都要穿上和服参加毕业典礼、开学仪式。这种店就人满为患。但会穿的人，自己就可以穿好。那大结子也是在胸前自己打。打好后，屏住一口气，将整个腰带转180度，就到了后面去了。

夏天，女孩子往往穿着日式浴衣去参加祭典或看焰火大会。但浴衣也不是很容易穿的。女儿幼时，为带她去看焰火大会，先去买浴衣，也就请售货员给她穿上。看完焰火回家，脱下浴衣，女儿一下子紧紧抱住我。“怎么啦？”“让你也尝尝穿和服的滋味！”原来，不管浴衣还是和服，除了外面可以看见的宽腰带和细腰带，从内衬开始，还有两三道系得很紧的辅助带子，否则走一会儿就会松垮。不习惯是很难受的。

66 | 日式浴衣与睡衣

“浴衣”是和服的一种，为了区别于一般浴衣，往往译成“日式浴衣”。因为日式浴衣是可以穿着出现在公众面前的。一到夏季，日本各处都可以看到穿浴衣的人。最多的场合，一是焰火大会，一是跳盆儿舞。

其实，这两者都与盆儿节（盂兰盆节，中国俗称“鬼节”，来自佛教）有关。日本现在已经不用旧历了，但往往在公历八月中旬，企业等非公共机关单位，都有一周左右的休假，日本人多用来回老家探亲。学校又正值暑假，所以更是青年男女外出游玩的时节，或几位结伴看焰火，或情侣同行到温泉……

湯

女性的“浴衣”虽不及正式和服那么艳丽多彩、雍容端庄，只是由单层的类似蓝印花布的布料制成，腰带也往往是单色，但清新、淡雅，透出一种青春的活力，可谓是给炎热盛夏带来的凉爽风物诗。

出门看焰火的浴衣与一般在温泉旅馆给客人准备的浴衣有所不同。前者穿内衬，有一条宽腰带，要在背后系成一个大结子，不会系的人还需别人帮忙；后者则基本贴身穿，只配一条四指宽的带子，在腰间系结实就行。

穿和服，包括浴衣，日本人是不穿内裤的（当然现在不愿意承认了，年轻人不穿也不习惯了），顶多系一条“褌”，其实也就是一块薄薄的软布。因为浴衣的起源就是内衣，称汤帷子，麻织。当时平民一般就是在露天，就着地下涌出的温泉水洼沐浴，女性往往就半脱半穿着汤帷子洗。昔时日本男女并不太在乎裸露身体，遗风至今。

从江户时代开始有了营业的“钱汤”（澡堂子）。日本又引进了棉花种植，始有廉价棉布，可以缝制浴衣，并普及于平民阶层，多在“钱汤”洗完澡后穿。所以也有人认为汤帷子和浴衣并非同源，后者才是现在可以穿着出现于公共场合的浴衣之源。

其实，在日式旅馆里给客人准备的浴衣也是睡衣。在纯日式旅馆，可以穿着走来走去：入浴、去饭厅，甚至穿着上街跳盆儿舞都可以。如是温泉乡，更是“睡衣”满街跑。

其实日式的浴衣与睡衣到底有什么区别，日本人也说不清楚。浴衣的花色漂亮一些，腰带宽，要在背后打上大结子。另外，要插头饰、履木屐、持手袋等“小物”。睡衣则往往只是白底蓝花，再加一根窄腰带，手里顶多拿把纸团扇。两者共通之处是都可不穿内衬。

现在，在公共场合穿日式睡衣，也不可一概而论了。日本有些旅馆是和洋并存，虽然都备有和式睡衣，但只能在自己房间或所在楼道里穿，不能穿着去前台，去餐厅，更不能上街了。一些高级酒店专门备有几间榻榻米和室，收费高于一般洋式房间，睡衣只限于室内。这是因为，与洋式睡衣一样，是不能穿着见外人的。

67 | 祭典与走婚

盂兰盆节恐怕是日本最普遍的祭典了。

古代日本帝王以佛教治国，“神佛习和”（土著神道与外来佛教结合）一直延续到明治维新之前。盂兰盆节随佛教从中国传来，又与日本迎接祖神回家看望子孙的祭祀相重。与其他地方性的祭典不同，日本各地都有自己的盂兰盆节，一般称“御盆”。

这与日本古来的“祭”有关。据记录日本古代神话的《古事记》，太阳神天照大神的弟弟须佐之男命横暴于高天原，无人奈何得了他。他在神殿脱粪，还把一匹剥了皮的马，从房顶扔到织坊里。织造神服的天照大神受惊，就“引笼”（闭门

不出）于天岩户的山洞里，天下昏暗。日本的八百万神祇，聚集河边，唱啊跳啊，想尽办法，但大神说什么也不出来。有个女神就边跳舞边将衣服从胸部敞开到下身，逗得八百万神祇大笑。大神不知外边在闹些什么，打开洞门观看，被众神一把拉了出来，天下才又光明普照……是为“祭”之滥觞。

正如民俗学家樋口清之所指出：“在日本的祭礼中，伴随着性拟态的祭典是极多的。”虽然现在这种“拟态”的祭典已凤毛麟角，但很多祭典还是可以看出其远古根源的痕迹。网上还可以看到现在进行时的祭典图像和记载。

日本同事告诉我，就在东京近边，直到战后还残存着走婚形式。走婚在日语表现为“夜這”（yobai，這：爬）。也就是男人夜里到女人家里，天未亮，就得离开。但如果连续三天，都让你“爬”进去，就可以堂堂正正地出入了。据说这就是前文讲的，现代约女孩子单独会面，成功三次，就可以“进一步了”之渊源。

日本远古母系社会的“妻问婚”（也读作 yobai），延续到很晚，以致产生了导致类似外戚掌权的“摄关政治”。

盂兰盆节虽不是日本“土著”，但由于被“祭典”的传统融为一体，盆儿舞也就成了男女交往幽会的机会。反映日本资本原始积累期纺织女工生活的电影《野麦岭》中，就有盆儿舞的场面。现在也基本如是。其实，因祭典后往往有“杂鱼寝”（男女混住一室），明治后常受到警方取缔，但到昭和时代很多地方还保留着这种风俗。

日本以外的民族，在远古应该也不无类似的现象，但由于各种原因，没有留存或被记录下来而已。NHK 经过十年的交涉，终于得以对现在生活在南美密林中的裸族“Yanomami”，拍摄记录了一百五十天。据此在2009年播放的特别节目，获亚洲电视（纪录片部门）最优秀奖，其中就有一丝不挂的男女豪放激烈的舞蹈场面。

日本有三大盆儿舞，我首推四国德岛的阿波踊。人数多，气势大。男人粗犷豪放，女性婀娜妩媚。尤其是小女孩方阵，那顽皮娇媚的舞姿，让人忍俊不禁。

68 | 饺子在日本

1980年代的留日学生，生活相当清苦。有个十七八岁的男孩子，听到日本人要请他吃饺子，喜出望外！吃完回来却一脸不高兴："就请我吃七个，还问我吃饱了没有！""是在店里吃的煎饺子吧？""是啊。""那就对了……"

日本店里一般只卖煎饺子，往往就是七八个一碟。超市卖的生饺子，一份也不会超过十个。上课讲到饺子，问学生，一顿能吃多少？往往吞吞吐吐地：不超过十个。

"我在你们这样的年纪，一顿起码四五十个！"说得男孩子们直咽口水。虽然日本兴吃煎饺子，那一份七个也是不够塞牙缝的。

饺子据说始于春秋，在唐代敦煌墓中发现过干饺子。日本吃饺子始于江户时代，据说是明朝遗臣朱舜水亡命日本时，教给日本人的。

日本学生往往把中文的“饭菜”译为“米饭和菜肴”。不对，应该是“主食和菜肴”。但因为日本人认为只有米饭才是主食，而煎饺子就只能是“菜”了。你只要一客饺子，也无所谓，但菜单上的套餐，往往是“米饭饺子”、“炒饭饺子”、“拉面饺子”、“年糕饺子”……就连馄饨也受到牵连——“米饭馄饨”！

中国北方人吃饺子就一顿都吃饺子。南方也有把馄饨当主食的，当然是大馅儿馄饨。用筷子尖蘸点肉馅儿抹在皮上捏一捏的北方馄饨，是当不了饭的。

中国只卖馄饨皮，好像是因为机器压不出中间厚边缘薄的饺子皮。但在日本的超市却可以买到饺子皮，那只是压出大张的馄饨皮再扣成圆形就是了。不但没有厚薄差，而且不经抻，容易破。馅儿的材料，除了圆白菜和豆腐，其他与中国相差无几：韭菜、白菜、绞肉、鲜虾……

日本人也在家里包饺子。一问谁会包，有一半女生举手。再问谁会擀皮，就剩一个了。原来父母都是中国人。用日本饺子皮包的饺子，煎着吃还凑合，但煮出来就像个“瘪三”，绝没有手擀皮的那么精神抖擞。

日本人也知道饺子可以煮着吃（称水饺子），当然更想尝尝手工擀皮的真正中国水饺。“老师，教我们怎么包吧……”“教室里怎么教？”“搞个饺子 party 吧。”但学生食堂不能用，期末考试完，在校外借了炊事教室，学生老师一起包饺子。

自己擀皮，对于几乎没有碰过面粉的日本学生来说是件难事。尤其是擀出来又要圆又要中间略厚，几乎做不到。而包的时候，他们却要在皮子边上抹水，包出的饺子，褶子是一边倒的。这些都是因为用惯了日本馄饨皮式的饺子皮。

要教会学生用手擀皮包不蘸水；包饺子时要从两边向中间捏褶儿；馅儿要放得足，也不容易。至于单手捏饺子，我也捏不好，只好算了。

透露一个秘密：用超市买来的日本饺子皮（大号的）包大馅儿馄饨，好包好看好吃！

69 | 在日本吃面

在媒体工作时，有次下班路过一家“博多拉面”，同事们要吃，我虽不爱吃面，也就硬着头皮跟进去了。面端上来，一口汤喝下去，又浓又鲜，味道实在不一般。面没有吃掉一半，汤已经喝光了。叫来店员，说声“加汤”，见店员脸上显出惊异状，也没在意。在日本，添饭加汤，一般“无料”（免费），顶多加五十到一百日元。

一会儿，店长模样的人，端来满满一大碗汤摆下说：“客官，这里的拉面是不加汤的，可以加面……”众人哄笑。从此，“马 sang 吃九州岛拉面要加汤”就成了职场的笑柄。

那一大碗汤是白白享受了（真好喝），从此得知，九州岛

拉面受中国大陆传承。以猪骨为汤材，夜以继日，千煮万滚，卖的就是这汤！博多是位于九州岛西侧福冈市的别称，古来与中国大陆来往甚密，风土人情多有相像之处。

粉食文化是十三世纪日本僧人圆尔从宋朝带回日本的。但面条到了日本怎么就叫“拉面”了呢？据说是1922年，在北海道札幌，有人开了一家中华料理店“竹屋”。中国厨师，菜一出锅就大喊一声“好喽——”。老板娘学说，结果嬗变成“拉面——”。这是拉面由来诸说中最不靠谱的一说，但却是我从参与调查者之一那里直接听到的，如是记。

驱车九州岛，出身福冈的学生建议一定去尝尝“一兰”的猪骨汤拉面！小巷深处的“一兰”拉面店，果然与众不同：面壁而食。店内没有一般店铺的餐桌，而是用木板隔成一个个小格子。坐下，不但两侧是板，对面也是板。只不过开着一个小窗户，还挂着帘子，店员只是闻其声而不谋其面。台子上放着纸笔，将你要吃的在表格上打勾：什么面、软硬度、口味、量、另加什么（叉烧、鸡蛋、紫菜、生葱……），还有一项：替玉。就是把面吃光，留下汤，再加一份光面。当然，没有加汤的选项！

填好，塞进窗帘。等面推出来，就闷头吃——真没意思，却真好吃！但是想和邻座交换一下感想，都得后仰身子，绕过挡板才说得上话。一兰近几年将连锁店开到了东京，想邀那位福冈出身的学生去品尝，话刚出口，就是一句嗔怒："一兰？"原来，对福冈人来说，福冈以外，就算是一兰，也是绝不会想去的！讨个没趣，只好一个人去了一兰上野店。填表变成了售票机，味道还算到家。

到九州岛熊本讲演，入住酒店后正值晚餐时间。上街，向一位厨师模样的人，打听熊本的风味。问："你要吃名还是吃味？""当然是味！""那就跟我走。"走到一处楼前，曰："我在这四层。你到地下，左手第四家！"

遵嘱进门，还没有客人，一对中年夫妇正在做准备。要了一份拉面，确是九州正宗。不过瘾。这次明白了，乖乖地再要一份面。至今余"味"绕梁。

70 | 馒头有馅

放完暑假刚开学，上课就问学生假期里干了些什么。一个学生说，我让中国人给骗了。到北京旅游，看到街上有“馒头”的招牌，就联想起横滨中华街上叫卖的“肉馒”，兴冲冲买了一个，一口咬上去，“咦——，中国馒头的皮怎么这么厚？”再咬一口，还是白的，干脆掰开，竟然没有馅儿！

我解释：中国的“馒头”原本没有馅儿，有馅儿的叫“包子”。那会儿“包子”的说法还没有在日本传开，日本人都把包子叫馒头（亦写作饅首）。把包子误认为馒头，可能始于中华街。那里卖的包子类都叫“某某馒”，如中华馒。

中华街的厨师大多来自中国南方。南方一带不吃没有馅儿的面疙瘩，包子都叫馒头。小笼包子在上海原来就叫小笼馒头的。现在改称小笼包，传到日本，“小笼包”也时兴起来了。

那真正的馒头在日本叫什么呢？“蒸（的）面包”！有留学生到家里做客，烧了一碗红烧肉。学生吃了一口，就说想吃馒头。但日本买不到真格儿的馒头。家附近超市曾有“蒸面包”卖，据说还是从横滨中华街趸来的，那简直就是一摊面蒸了一下。不久，“蒸面包”也没得卖了。

但馒头最初是有馅儿的，据说发明者是诸葛亮。《事物纪原》、《七类修稿》、《因话录》等载：诸葛亮南征孟获，归途得知蛮地有斩活人头沉入河底，以祭神治水的习俗，便改其为将猪羊肉用小麦粉包成人头模样，投入河川，压镇泛滥。这就是“蛮头”（馒头）之始。古人作为祭品时，还要用树叶将馒头染成绿色，亦称青白团子。

馒头传入日本，一说是圆尔，另一说是1349年林净因将制法带来日本。他想喝茶就馒头，但当时日本佛教禁食肉，就改用小豆为馅。后来他在奈良汉国神社附近开了一家店卖馒头，汉国神社中就有了祭祀林净因的林神社，亦是日本唯一的馒头神社。后与日本的“果子”祖神田道间守合祀。

日本的“果子”就是点心。自林净因始，馒头就加入了日本的果子行列，与镜饼、樱饼、柏饼、月见团子（赏月用）、羊羹、千岁饴等比肩。加了酒曲的酒馒头，加了赤饭的赤饭馒头，也算是和果子。现在每逢4月19日林净因忌日，日本果子行业都要举办馒头祭，在林净因灵前奉献自家的馒头，并分发给前来参拜者。

和果子极为精巧，却偏甜，尤其是用于茶道的果子，中国人往往浅尝辄止。一位原籍北京的留学生，谈到稻香村的牛舌饼，就止不住口水。我说，趁我回北京给你带一些吧。称不必，带来也成渣子了。我不信邪，硬是细心包装，完好无损带回日本，交与快递，但不见回音。再见，问起牛舌饼如何，云：“当我意识到吃下去的是牛舌饼时，已经只剩包装纸了……”

71 | “生理”来了

上初中，第一次下乡劳动（一个月）前，学校发下注意事项，上有“女生要带例带物品”。男生大哗，围着班主任（幸好是位慈祥的中年女性）诘问：“什么是‘例带物品’？为什么男生可以不带……”女班主任哭笑不得，而班上的女生则在一边坏笑。

后当了体育委员。前任交代：“女的每月有那么一次……上体育课可以请假。”母亲也告诫：“女孩子的事，不要多问！”懵懂！干脆找了个大方的女生，让女生请假都找她。后来，某位女孩子当面直说“月经”一词时，我之惊异与尴尬，至今还有印象。

到了日本，知道日本人惯称女性每月的“客人”为“生理”：生理来了、生理期间、生理用品……电视广告也毫不忌讳。名人频频出镜，只不过以蓝色为主就是了（中国广告多为效颦）。女学生对男老师也往往直言不讳。倒是觉得日本人很坦然，不把自然现象当作什么大不了的事。

小时上课起急要求出去一趟时，往往会引起同学的哄笑。日本大学一课九十分钟。男生有要去方便的，一举手我就准许。女生亦有用手指示意一下门外的，当然点头许可。一次课上，后排一位女生起身向外走，很潇洒地扬起手，微笑地示我掌中一块方形，我也就眨一下眼皮，表示知道了。

但在一次教师集会上谈及此事，居然冷场！日本人的某些“坦然”，也是只可意会不可言传的。

以前日本女孩子初潮，称“初花”，家人是要吃红豆饭“祝初花”的。上篇“赤饭馒头”中的馅儿就是这种饭——用糯米加红小豆蒸煮而成。自8世纪，箱根芦之湖的湖水祭，就是用赤饭装在祭船上，沉入湖底，代替活身少女祭祀龙神。而静冈县的樱之池用大盒子装上赤饭，沉入湖底，祭祀大蛇（龙神）。几天后，被吃光的大盒子居然会浮出水面，成为当地七大“不可思议”之一。但何时开始以吃赤饭庆贺少女初潮的，

不考。

平安末期始，男女第二性征凸显就有涂黑齿的仪式。用铁浆涂黑似由鉴真带来。当时，初潮（虚岁十三左右）就意味着可以生育了。《源氏物语》中若紫被源氏作为最爱收房时，也就虚岁十四五。到明治维新前后，很多农村还存在初潮后的女孩，经长老检查、教授，就可以参加村里年轻人群交集会的习俗。

据说现在还有不少家庭为女儿初潮吃赤饭。女儿们的回忆往往是喜“羞”参半——已经成人的兴奋与被父兄知道的尴尬。

有的女生就说自己有过两次成人节（另一是法定二十岁成人后的一月份第二个星期一）。现在不喜欢吃赤饭的孩子多起来了，很多女孩子要妈妈给买蛋糕（写上“祝成人”），或请吃寿司之类来庆贺。还有人干脆让祖母外婆一下子给她买半年的“用品”，作为礼物。

72 | 日本姓氏趣谈

一位新登场女星——刚力彩芽——性格开朗，飒爽洒脱。她是真名实姓。“刚力”姓在日本只有十二户，约六十人。

一位研究日本乡土史的朋友，在鹿儿岛一处小渔港的唐人町遇到过姓“交易场”的老人。这里曾与中国有过贸易。“交易场”当地只有不到十家，当时在日本姓氏辞典中还找不到。

居日本姓氏之首的是佐藤，一百八十多万人。另有姓砂糖，音同佐藤。这一系列还有白砂糖、黑砂糖、赤砂糖、砂糖水、砂糖壶等。另外有酱油、饴、米、海老（虾）、和食、菜花、茄子（那须）等。另外还有来自身体的：目、耳、鼻、头、秃、尻无（没有屁股）；来自生活的：梦、浮气（婚外恋）、

砂糖

微笑、爱、药；来自水果蔬菜的：菱、杏、桃、林檎（苹果）；甚至还有拿姐姐的牙当姓的：姉齿。

日本有姓氏近30万，数量上仅次于美国的150万。而有十来家的姓氏，全国只有一户：草笛、可爱、喜怒、酱油、凤凰、裸、脱……有位艺人姓毒蝮，因幼时被毒蛇咬过而起的艺名，没有第二家。

还有户数为零的——"幽灵姓氏"：一寸八分、十二月晦日、子子子子、己己己己、百千万亿……有人认为是胡诌的。有些是源于发音相同而排错字等各种讹误，比如，一尺八寸误为一寸八分，分口田应是口分田，而"上海"则可能是错把中国地名当成日文了。还有把姓名之间断错了的：著名学者金田一（京助），三代都是语言学家。但另有金田姓，容易断错。而金田一一的第二个一才是名字——爱看漫画《金田一少年事件簿》的人是不会弄错的。

"我孙子"的姓氏和地名似很可笑。日本人考证，"我孙子"可能来自火神阿比拉或古代皇室子孙阿比古（读音同我孙子）。日本人不重视辈分，不用辈分骂人。"御手洗"与日本厕所的写法一样，但读音不同。真正骂人的姓是"马鹿"，就是"八嘎野郎"的八嘎，取指鹿为马之意，全国约有十人。

犬养、犬饲是由职业而来。日语动词后置，意思是养狗的，不是"狗养的"。还有鸟取大概是抓鸟的，而鸟饲、鱼饲、猪饲都曾从事养殖业。不过"猪"在日语里是野猪，饲养的家猪称豚。

日本富山县新凑地区被称为"珍姓的宝库"，除了姓饭、豆腐、素面、小豆、味噌（酱）、酢（醋）的，还有金、波、鱼、网、风吕和生理（指月经）等。

有些姓氏发想很巧妙："小鸟游"，读如"没有老鹰"（小鸟可以放心地玩）；月里见，读如"没有山"，取便于赏月之意；春夏秋冬，读作"一年"；四月朔日，读作"棉拔"（到该脱棉袄换季的时候了）。

我常去的一家饭店，服务员中有三"福"：福田、福原、福跃。福跃罕见，全国仅约五十人。

73 | 寿司点滴

二十多年前，一位日本朋友请我吃寿司，是家高级店。坐在吧台前，看到墙上挂着很多木牌，写着当天供应的鱼介，但不标价钱——还真是“寿司无价”。

“先握（捏）几个吧”——朋友是这里的熟客，不点单不问价，寿司师傅（称板前）就会意地将寿司一贯接一贯地摆在我们面前，时而介绍各种鱼介的产地、肉质、新鲜度……

要坐在寿司店的吧台前，才能悟到如何吃寿司。到这样的店里来，不光是为了吃，而是要和板前“投球”：直球、弧线球、旋转球。最普通的是和平球：眼前的鱼介、寿司，就是话题。有一句没一句，隔着吧台交流，卖弄一下知识，板前也可以知道你吃寿司的水平，探知你对他的作品是否满意。

当然也有例外。被誉为日本寿司之神的小野二郎，就不跟顾客聊天。他认为只有一心一意地“握”，才能让顾客品尝到最上等的寿司。

行家吃货，往往单独来吃寿司。而且“来者不善”，是与板前“投球”——出难题——来的。比如，内行人往往先点一份“小鰭”——鱼虽普通，但保鲜调制很难，一口就可以吃出板前的手艺高低。十几个回合过去，最后再点一单小鰭，看你板前如何做出新花样来！虽似刁难，却正中手艺人下怀。

投回去的球让你打不回来，就是板前赢了——下次再见分晓。

吧台玻璃柜上放着一个活生生的大红烧鱼头，朋友要点，我赶紧推辞——寿司一贯都没价，一个鱼头不知要宰你多少呢！朋友让板前拆出一部分肉给我，再看又回到柜台上的鱼头，只是小了一圈。

寿司店宰客是真的。一宰生客；二宰同行。板前的手是挂相的，狠宰你一次，让你来刺探商情！要知道如何宰你，就得懂得“黑话”。店员之间的吆喝，好像跟顾客无关，其实很多都是黑话。

吃完寿司结账，柜台不问板前就能报出价来。因为早用“黑话”传过去了：钉子＝1；两＝2；木屐（似寿司台）＝3……“两木屐”就是2300。“即切”＝13，柜台不知几个零，问“大？小？”，板前答“大”，就“即切”你一万三！

中国同事和我去吃寿司，见我总跟板前聊天，觉得不解。其实我是为了写这一话题，向板前请教寿司行的黑话呢。

客人不懂黑话，就连店员也鲜有都明白的。我的一个学生，在日本最高级酒店的料理店干，动作欠雅，上司总让她去练茶道，但就是不辞她，因为她精通黑话。单相思：鲍鱼（单边有壳）；玉：鸡蛋（日语：玉子）；铁炮：海苔卷；泪：

辣根；山、川：没货了、推荐品；兄、弟：陈货、新货……

饭团上用紫菜卷住黄瓜丝，不但造型新颖，黄瓜与小鳍的口感也意外地相得益彰，令人拍案叫绝。这就是北京一家寿司店日本人主厨对上文最后一单的答案。

74丨疲劳与苦劳

2016年8月，爱子第一次随皇太子夫妇因公外出，到长野出席庆典。在松本站下车出站后，三人边走边向欢迎人群示意。刚要上轿车，只见爱子对皇太子夫妇说了声什么，两人马上转回身，郑重地向站长等人致谢。原来是爱子提醒他们，别忘了“挨拶”。

在日本，一日二十四小时不能掉以轻心的就是“挨拶”。这两个字给中国人的印象不好，尤其是“拶”，为古代一种用于女性的刑，以木棍夹手指，读如咂，另有拥挤、逼迫的意思，读如赞（三声）。挨拶作为一个词，约公元十一世纪后，经中国传入日本，意为禅宗僧之间的问答应酬，现指人们的寒暄、

疲
苦

打招呼。

现代“挨拶”，有早中晚好、感谢、歉意……某大学门口有警卫，见着老师模样的，就吼一声：“噢嘶！”估计是打招呼，就回一声“早”。有些学生社团的成员之间，如拉拉队、运动队，也互相“噢嘶”，猜想是“噢哈邀苟砸伊麻嘶”（早上好）的简化。就向学生解释，“噢嘶”相当于中国的“早”。这次为写“马话”，一查，还真让我蒙对了。写作“押忍”，只用于男性，源于京都武道学校的学生之间。

日本人对问候的时间段比较严格。我到超市买东西，对店员说“白天好”，回答却是“晚上好”！一看外边，已是暮色降临。但“噢嘶”却是一天二十四小时都可以用的。而某些行业的员工，见面都是“噢哈邀苟砸伊麻嘶”。

比如“卖水的”。主要是指色情行业，要钱要得狠，一杯白水都能赚不少，故称“水商卖”。女性“卖水”，意思就很明白了。后来，扩大到晚上营业时间长的酒吧等。这些地方拿夜里当白天，连对顾客也用“早上好”。后又延伸到影剧界。

学校、公司等下班时，多用“辛苦了”。但道“辛苦”至少也有两种说法，写成汉字为“疲（劳）”和“苦劳”。“疲”往往用于对上级、平级之间。比如下班有人说“我先走了”，剩下的人就会说“(您)疲(劳)了”，而上对下则用“苦劳”。

我原以为这是出于日本人的等级观念，再加上“苦”多用于体力劳动者，“疲”多用于脑力劳动者。但并非全然。

确实，公司培训新人就有一条：对上司说“苦劳”云云是失礼的，对社长级连说“疲(劳)”也不好，说声“夺摩”(实在是……)就够了。因为，下级是没有资格评判上司疲不疲劳不劳的。而上对下说“苦劳”，则有干得好或好好干等勉励语义。可你出了差错，课长为你上下周旋，收拾局面，表示感谢时就要说：“因我给您添了‘苦劳’……”

“快递大哥”上门，按理应该道“苦劳”，但想起“苦”字，我就说不出口，只说“谢谢”。一打听，说“谢谢”最好。

75 |“无断”、请假和放鸽子

前几天，与朋友约好去听他的演奏会，但因一直咳嗽得厉害，如果进了剧场，一个劲儿咳，也待不住。只好当天一早跟他联系：去不了了。不知道这在国内算不算“放鸽子”，但在日本就属于“夺他砍”了。

“放鸽子”和日本的“夺他砍”可能有微妙的不同。前者似为爽约而不打招呼，后者则是临时取消。“临”到什么程度？比如约好八点半，八点二十九分发个短信之类。英语比较好懂：He/She cancelled on me at the last minute。

“夺他砍”（读作 dotakyan）是英和造词。从日文“土坛场”和英文“cancel”各取一部分。土坛场原是砍头刑场，转

Cancel

义为做出决定的最后一刻。原只是文艺、影视、旅游业的行话，现在，最多用的可能是男女约会。男孩子往往是工作没完，加班。在日本，工作第一，临时要你加班，“我和女朋友有约会”之类是说不出口的。而女方的“夺他砍”，就比较复杂了。

首先是本来就不愿意跟你约会，但当面不好拒绝。再是约定时心情好，但临到出门，心情变了。还有就是真有推脱不开的事了。最常用的理由是：身体不好了；家里马桶坏了，等人来修；要等重要的快递；母亲病了；生理来了……还有的是因为友情重于恋情。公司下班，突然同事们要一起去喝酒。这就要在同事和朋友之间做出选择：朋友吹了可以换一个，而同事说你“总不合群”，把关系搞坏了，职场不是说换就能换的。

判断“夺他砍”理由真假的一个标准，是看取消一方是否主动提及“补偿”——对下次的建议。比如“生理痛”（痛经），改在下星期某天吧，或者，有这样的机会，一定再约我啊，之类。否则，被“砍”了一两次，你就识相些，不要再约了。

如果还不死心，就不要对“夺他砍”表示出太遗憾。女对男可撒娇：“如果下次请我吃烤肉，这次就饶了你。”男对女可以柔情：“这么忙，可要当心身体噢！”如此之类，不一而足。

“夺他砍”的“好处”在于，算是打了招呼，不能说“无断”；“坏处”是让对方措手不及，没有回旋余地。

日本人做事忌讳“无断”，就是事前不打招呼，比如“无断欠勤”（不请假就缺勤）。如果连着三天“无断”，又联系不上，公司就会报警。但你请了病假，一般上司也不会“坏处”是来看望（除了住院），因为病情，在日本也是隐私。

工作场合，“无断”更是大忌。要办一件事，事前没有跟上司打招呼，有了差池，上司就可以说你是“无断”，你就要负全部责任。

我不把联络方式告诉正在上我课的学生，也是因教训而来。因为有人会临时发个短信、电邮，说不舒服了，或有了急事，今天请假，云云。以为这就可以不算“无断”，“罪过”可以轻一点了。

76 | 在日本扔垃圾

在日本扔垃圾很麻烦。现在是分类费事，可二十多年前，却是邻里称霸的手段之一。

规定每天一清早倒垃圾，用购物塑料袋或专门的垃圾袋装好，放到垃圾站就可以了。八九点钟，就会有垃圾车奏着音乐来收走。

刚到日本，租下房子，第一天刚扔了垃圾，就有一个妇人敲门。跟她走到垃圾旁，看着她打开我刚刚扔的垃圾袋（也不怕脏），指指划划地教训着什么。听不懂，对方也只好干瞪眼。很奇怪，她怎么知道这袋垃圾就是我的呢？后来看到这个人经常一大清早就在垃圾站，东翻翻，西看看，打开一袋，仔细端详。原来，像打破的玻璃、瓷器之类，要另外包好，写上“破碎物”，防止清扫工人受伤。当时虽然还不兴垃圾再利用，但根据各区处理垃圾方式的不同，不易燃烧或不宜填埋的都要分开。

后来才知道，这实际上是借倒垃圾的不是，给新住户一个下马威，也顺便给房东颜色看。当然，这种人不仅是事前检查，垃圾车走后，也会将垃圾站打扫干净。你不打扫，就得忍受“管理”。当时卖的垃圾袋都是黑的，不希望别人看出里边是什么。因为垃圾也属于个人隐私，有的犯罪者就是靠翻垃圾寻找线索的。

实行资源垃圾分类后，再乱扔垃圾就要“吃不了兜着走”了。必须用半透明垃圾袋，清扫工人一看里边有不合分类的，就原封不动放在那里，贴上个条子，要求分好再扔。这一招很管事。现在厨余垃圾一周只收两次，放在垃圾站示众很尴尬，拿回家又要臭三四天。

对什么是资源的认识不同，各地的分类、要求也就不同。最细的地方要分十几种。一搬家就先要入乡问“俗”：塑料制品，什么是可烧的？什么是可再生的？饮料罐铁的、铝的分开（铝的要不要踩扁）？还是要用水冲干净（水不是资

源？)……最近又要求塑料瓶的盖子另外放开（那不白冲了？）。最丧气的是，听说分好的垃圾因处理能力不足，又拿去填海。

单位、学校往往一排四个垃圾桶：可燃、不可燃、可回收废纸、一般垃圾。让我困惑的是喝水的纸杯算哪类？可燃，但那么好的纸制品，应该回收；而学校所谓废纸又是指规格整齐的；和便当盒扔在一处又太扎眼……

既是资源，就有行情。一个月的报纸可以换一卷手纸。这是我最上心的。用起来虽粗糙，可有为环保出力的满足感。但废纸不值钱时就没人收了。铝罐也是争夺对象。拣废品的在回收车来之前就把铝罐挑走了，地方政府就告他们盗窃公物。

日本男人以做家务为耻。以前男子扔家庭垃圾是让人笑话的，但现在，上班出门的男人一手公文包、一手垃圾袋的已司空见惯。曾有一位大臣就是因每天上班前负责扔垃圾而大获人气。

77 | 秽——净与脏

从吃赤饭祝贺初潮，可发现日本人对待女子月事的认识是符合自然的。但日本同时还存在另外一面——女人禁制。

每次大相扑（年六次）的最后一天，要向优胜力士颁发总理奖杯。首相不到场，则由官房长官代行。1990 年年初的官房长官是森山真弓是位女性，大相扑协会拒绝她代授奖杯。因为授受者都要登上相扑土俵，但土俵是“女人禁制”（不许女性踏入）的。富士山直到江户时代还不准女性登山。日本三大胜景之一的宫岛，女性要到规定的小屋内度过经期，生孩子要出岛十个月，理由是女人在特定期间是“污秽”的。

对于肮脏，在日本大致可以分为“污”（yogore、kitanai）

与“秽”（kegare）。二者互为表里。

脏（污），指不洁、不净。与可见的肮脏相近，比如衣服脏了，但又有不同：打扫洗脸盆，用水冲洗得很干净。日本人指着一滩水渍：“污！”水？还有比水更干净的吗？何况是洗脸盆上的！我就见过日本人在公共厕所里洗完手，不但冲洗了水池，还用纸将池面上的水抹得干干净净才走。中国人到日本的第一印象就是“干净”，当然不足为奇了。

月经、月水等词是从中国传来的。日本原来叫“月之物”、“月之障”。痛经则称“障虫”、“月水虫”。

上古的日本，并不认为女人是“秽”的。日本诸神之祖天照大神原来就是女性（后变男性）。日本的母系社会，或实质上的母系社会统治之长久，在世界可谓屈指可数。被认为有文字记录的帝王级女性很多，如卑弥呼、神功皇后、推古天皇等。日本史书表明，至少有过八位女性，十次当过天皇。

但日本古来从“罪”生发出了“秽”的意识。如“天罪”（天障即梅雨。又如破坏灌溉、祭祀时向神殿“脱粪”等）、“国罪”（如伤害活人或死尸、近亲相奸、背上长瘤等），都被认为是“秽”观念的根源。到了飞鸟、奈良时代，佛教经朝鲜半岛传到日本，经典（包括伪经）中关于女子“五障”，不能成佛，因经期、产后出血“污秽”等说教，又掺入其中，就使一些“神域”成了“女人禁制”了。

还有另外的解释：一是修验道的登山者中如有女性，就会使男人分心。日本古来的山岳信仰中，很多山神是女性，嫉妒心很强，而男人登山是要与女神交合的，云云。

与“污”不同，“秽”是从日本特有的地理、历史和社会意识产生出来的内在观念性的出自内心的不洁感。比如由贱视与不洁视而形成的对“被差别民（秽多）”的歧视，就是很极端，隐藏很深的。至今一些歧视，都源于这种“秽”观念。

因福岛核事故而到各处避难的人，竟会因可能受了辐射而遭到各种歧视和欺辱，甚至殃及“福岛”牌号的车子。

78 | 野猫的天堂与乌鸦的权利

日本电影中，猫的尾巴都很短。有人说，这是因为日本人在猫生出来后，就把尾巴剁掉了。可到了日本，看到野猫也有很多是短尾巴的，就觉得不会有人有闲工夫去给野猫“动手术”吧！问起日本人，却引起大笑：“听说过不少中国人讲日本人如何如何残忍，可剁猫尾巴还是第一次。”

日本城市里野猫成群，且肥肥胖胖，因为有人喂它们。路边野猫出没之处，常常有人带着吃食，一边喂，一边和猫们说话。但皆是孤寂老人，实在是没有交流对象了吧。

为什么不干脆拣一两只回家养呢？因为公寓里养狗、猫、鸟，都必须参加“宠物会”。不但要交点儿钱，还要开“宠物家长会”——太麻烦了。何况有些喂食者自己未必有家可归，只不过每天从便利店要点儿过期盒饭，和猫们分食，同窝而栖而已。日本人不爱吃面包皮，面包店就把切下来的皮包好，任人拿去喂猫。野猫太多的地方，政府就抓一批做了绝育手术再放出来，还贴出告示禁止投喂动物。有的无人管理铁路车站成了野猫窝，只好“聘”它们当了站长、站员，享以宠物食品，还受动物保护协会的关照。

乌鸦就不同了。不但“呱呱呱呱”令人心烦，而且危害匪浅——主要是倒腾垃圾。一大早，乌鸦们就等在垃圾站附近，各司其职：侦查的、放哨的、拉袋子的、啄食的……扔垃圾的人一走开，就啄开垃圾袋觅食，弄个一塌糊涂。乌鸦早已适应了城市生活，在人前也是昂首阔步。不过乌鸦记仇，如果早上上班将门口的乌鸦赶散，它可以在树上等一天，待你回家，呼啸而下，啄不着也吓你一身冷汗。

日本乌鸦的聪明不只在觅食上。有人调查过乌鸦窝，发现其骨架竟然是用铁丝衣架做的，而铺垫物中除了衣物，还有不少钞票，竟有最高面值——一万日元的。一位中国人做了腊肉，晾在阳台上，却连绳子都没有留下。莫非乌鸦会解扣？日本有人专偷晾晒的女性内衣，可受害者却很少声张，因为不知“性变态者”是人还是乌鸦。

日本人尊重人权，延及“（乌）鸦权”。为害再大也不能随便捕杀，只能“专守防卫”——垃圾站周围放着一圈装满水的塑料瓶，那是为了吓唬乌鸦的，但据说早已被识破。只好盖网子，建房子，还得锁上门——兼防随便扔垃圾的人。我家所在的区，乌鸦密度曾是东京一带之首，近来确实好了一点儿。

变电站等设施最怕乌鸦做窝。最近一个变电站架子上有了个乌鸦窝，因暂时不碍大事，也就没打清除报告。可不想一只小乌鸦却被捡来做窝的塑料绳缠住脚，几天不得动弹。职工们看着很解气，周围居民却抗议说乌鸦太可怜了。职工只好爬上架子，在老爸老妈乌鸦的威吓声中，救出了奄奄一息的小乌鸦。

79 | 在日本怎么“活”

日本大学是四月开学，三月毕业。在两个学期之间的暑假，三年级生就要开始“就活”——就职活动。天气炎热，但学生都要穿着深色西装——利库路特服——奔波在炎炎赤日下，去参加一个个公司的“就职说明会”。

网络时代，先要在大型“就活”专门网络上登录。因为一些大企业只通过这些网络发布招聘信息，接受报名，通知笔试、面试时间。

日本企业对于应试者，尤其是文科类的，一般不重视学生的专业和成绩。因为按传统做法，新社员入社，要经过很长时间的企业培训，接受企业文化的熏陶。

工作
能力
学历

面试关一般要过三次。先是让你“自我宣传”，再谈谈想进本公司的理由。应聘者也是早已准备好了，官样文章，对答如流。可有一个学生突发奇想，以“今天早上一出门，我看见……”开头，颇得考官好评。可第二天，各公司考场上“今天早上一出门……”此起彼伏——看了那个考生的博客，群起效仿。

也有考生对问题一言不发，直到考官发怒，让他出去，但只见他边昂首阔步，边掏出一瓶啤酒一饮而尽，说：“男子汉只饮不言。”语惊四座，终获采用。他说的就是这家著名啤酒企业1970年代的广告词。

能拼到最后面试，考官往往是社长一级的大人物，问题也会刁钻古怪。一家大证券市场社长问：你说在国际化的潮流下，我们公司如何才能在竞争中生存下去——这本应该是你社长考虑的问题——他要的不是答案，而是为考察考生的应对能力。另外，让应聘者擦皮鞋以检验服务精神；让几个考生讨论决定自己团队名称以考察领导力和协调性；摆照相姿势以观察创新思维，手法不一而足。

日本讲究前辈关照后辈。找工作也一样。学生们拜访老毕业生，请他在公司内部周旋也很重要。既可以得知企业的具体要求，还能够在与前辈的接触中积累面试经验。现在还时兴从大学一二年级开始就在某个企业实习，称为“internship”，据说可以增进学生与企业之间的相互了解，但也有人指出这是企业榨取劳动力的新手法。

大企业往往率先发出就职“内定”。得到内定的学生，就可以赶出论文，安心等待毕业。没有得到的，就得接着跑中小企业。但“内定”是没有法律约束力的，一旦企业不景气，一纸通知就取消了“内定”。被取消内定者前功尽弃，欲哭无泪。

而得到几个内定的，当然只能选一个，但如何回绝其他的内定却是难事。托前辈得到的内定，更是难于启齿。在公司里丢了面子的前辈，会请你吃饭。席间，一碗酱汤倒在你头上，出出气，也算是饶了你。

在日本，一切都要未雨绸缪，“～活”日渐广泛。想结婚：婚活；要离婚：离活；要怀孕：妊活；老了：终活。

80 | 日本人连“我喜欢你”也不说了

第一篇所讲日本人不说“我爱你”，是十几年前写的，现在却成了“名话题”——在我《世界（亚洲）如何看待日本》课的十几个讨论题中，竟连续六年成为学生的首选。原定讨论一堂课，结果三堂都打不住。

希望听到“我爱你”的女生不少，但敢用“我爱你”告白的男生却凤毛麟角。一是害羞，再就是一旦说了，负担太大。女生也有人觉得，像西方那样，一天到晚“我爱你”，分量太轻。大文豪夏目漱石批评他的学生把“I love you”翻成“我爱君”：“译成‘月色真美啊’不行吗？”另有二叶亭四迷将俄文“我都是你的了”译为“死而无憾”的逸话。

“爱不爱，相互都明白。何必说出来？以心传心嘛！”日本人讲究以心传心，但结局并不一定那么美妙。日本不少文学、影视作品中，年轻男女相恋，要分手了，都在等对方开口，却沉默良久，各自东西。几十年后再会，双双两鬓白，四眼泪汪汪……让人着急，日本人却很 enjoy 这种悲恋。

现在的日本年轻人，不但没有花前月下，没有“我爱你”，就连“喜欢你”也不说了。恋爱，已成理所“不”当然。

日本划分人群，不用 80 后、90 后、00 后，而是“代”：宽松、得悟、脱宽松……宽松的一代，由 1980 年代末开始，文部省对中小学实行“宽松教育”方针而来。后因宽松教育被认为造成了日本人学力下降，从 2010 年代又开始了“脱宽松”。我眼前的这些大学生正是第一批“脱宽松”。

而“得悟的一代”则是从另一个角度，对“宽松”至“脱宽松”世代的涵括：出生于泡沫经济崩溃后，成长于 I T 勃发期；无欲；不浪费；没有干劲；不爱旅行，节假日闷在家里；网络是生活的必需；不做无谓的努力；青春反抗期消失；不与性格合不来的人交往，回避冲突；不做非分的梦想；不相信人生会有奇迹……2010 到 2012 年，海外留学的日本人数下降了三分之二。

"无欲"的"欲"，包括与异性的交往。当然不是没有，而是怕麻烦，在前面的"吃草"篇中已有涉及。他们不一定非有活的不可，二维的画面也可以。三维的嘛，有个彩绘抱枕也能将就。网上弄个虚拟恋人，更可以随心所欲。就是和真人恋爱，也没有山盟海誓、地久天长，而往往是网上结识，手机分手。同校男女，网上恋爱了四个月，直到"拜拜"也未曾谋面。

一个男学生告诉我：不是不爱，而是"自我爱"优先。参加社团活动，没时间恋爱；参加校园祭，没时间恋爱；要找工作了，没时间恋爱……

一个女学生，不管上课下课，总是表情冷漠。她说：我已经决定，对什么都不惊奇了，只想冷静地生活——彻悟。

有的人甚至彻悟到根本不知道社会上已把他们称为"得悟的一代"。

81 | 地久天长

在日本一听到“贝九”（日本说“第九”）就知道要过年了。从 NHK 交响乐团到地方学校、民间团体，都会高亢“欢乐颂”。乐队、合唱团倒是各异，但独唱总是那么几张脸。大概能挑“欢乐颂”大梁的，在日本也是屈指可数。

想当年，在国内过年，总有舞会可去。那时还不兴跳迪斯科，都是三拍、四拍、探戈，即所谓社交舞。我只喜跳慢的，一听《蓝色多瑙河》、《友谊地久天长》就兴奋地磨脚底。

有一组西洋漫画：时间已晚，餐厅里只剩下一个客人和一个侍者。侍者貌似平静，却一只眼睛盯着墙上的钟；客人不紧不慢，还在舞动刀叉。特写：已经空空如也的盘子里，只剩几个米粒，叉子叉住其中一粒，刀子正要将其一切为二。题目是“斗气”。由此悟到：西洋餐厅是不轰顾客走人的。

到日本后，在餐厅吃得晚了，有时就会听到“地久天长”，你再不理会，服务员就会来告诉你，对不起，我们这里营业到11点。到商店买东西，虽然门还开着，但里边已经“地久天长”了，你最好止步，各柜台都在收摊子了——悟到：在日本“地久天长”是结束的信号。

就连年末NHK红白对歌最后一曲也是齐唱《萤之光》——日本的“地久天长”。“地久天长”原为苏格兰民谣，流传各国，又被各自填上歌词。中国人是因《魂断蓝桥》而迷上的，而日本在明治初期就被改题为《萤之光》，源自中国古典“车胤囊萤”和“孙康映雪”，成为激励小学生学习的歌曲，战后渐成各处的告别曲。

中国的社交舞会其实也是以“地久天长”为结束曲的，又名《一路平安》。可人们往往未尽兴，跳完就鼓掌，乐队只好再奏几曲，周而复始，“地久天长”。

不过，维也纳爱乐乐团的迎新音乐会，倒数第二曲一定是《蓝色多瑙河》。我看“维也纳”最怕有伴舞的段子，不是伴舞不好，而总是瞎担心会场的人看不到怎么办。但是某一年《蓝色多瑙河》的伴舞，却是几个少男少女扮的小精灵，顽皮可爱，精气有神，一直跳到金色大厅的观众席中来了。我发现，他们的舞步却是慢半拍——踩在节奏之后，看着轻松舒适。一开始还以为是卫星传送影像和声音的时差，再一细看，乐队是跟着指挥棒的，不差丝毫。

先父跳舞极好，音乐感强。记得他曾教我：跳得好的要慢半拍——不要抢拍子。我强制自己慢下来，却总跳不出他那种韵律。后来才悟到：真正会跳的人，不必去赶着踩音乐的点子。他有信心，是他在跳音乐，而不是“被”音乐跳，才能真正“慢半拍”。

如果在生活中也能有些闲暇可以观望、思索、休憩，慢慢地，就像在“跳”生活而不“被”生活跳，有信心地“慢半拍”的话……

2009 年 12 月 24 日

后记

我写东西时，总觉得脑后有一双眼睛在盯着我，那是先父的眼睛，让我不敢有丝毫懈怠。先父是严父，又是我永远的老师。他的正直、严格和缜密，他的做事绝不苟且，一直是我人生的镜子，鞭挞着我。他对日本的见识之准确、深刻，使我在赴日后的三十多年中，受益匪浅，成为我衡量自己、看待日本的准绳。

母亲刚柔相加，知我入微，从笔就是她的点拨。直到晚年，她还不失对周围一切的好奇心和执著探究。这种性格肯定是影响了我的。在这本书执笔之前，我正处于一段沉沦。一天，母亲突然叫起我的乳名说：我看，你应该还行！这一猛掌，可以说是“马话”的催生剂。

除了父母，一生紧要关节处，都能遇到好老师，也是我的幸运。启蒙的严卫勤老师（已去世），让我明白了对人要如何地真诚。小学五、六年级的班主任吴景田老师，刚刚师范毕业，就当了我们这一全校有名乱班的班主任。他投注全身心的热情和能量于我们，尤其善于发现学生的长处而发扬之，可谓既是严师，又是诤友。不但使我们班能以全校最好的成绩毕业升学，而且让我们这群从七岁就开始在一起的孩子们，至今不失联络，每年都要在老师身边团聚。我想告诉他，我之所以敢于写点东西，就来自他语文课上给我打下的信心。而且，我现在给学生“面批”作文，就是从他那里学到的。

日本学生说我的中文课有意思。殊不知，教法中很多都来自我中学的英语老师张永彪。他后来成为新中国第一批联合国同声传译。

蹉跎十年，始得上大学。大学的老师们，把积攒了多年的知识，一下子喷薄出来，倒给我们。汤世英老师的新闻写作课，郑兴东老师的新闻编辑学，不但对我后来工作有颇大裨益，而且成为在日本读研、写论文的理论基底。周声亚老师授王力先生四册《古代汉语》，是密度最高的课程。他课上讲话不重复，铃响开讲，讲完正好响铃——我模仿了几十年而不及。

后来，我到日本庆应义塾大学学日语。日本语中心斋藤修一教授的课，让我明白，外语课也可以教得如此深邃而引人入胜。

这些似乎与“马话”无关。但我知道，我书中的每一个字，都是在师长们为我准备下的“键盘”上敲出来的。

我三十多年的朋友，庆应义塾大学中国问题专家驹形哲哉教授，仔细看过“马话”大部分的稿子。他的意见可谓中肯。另一位日本同事，中野清老师，研究柔石。他是典型的江户子（类似中国的“老北京”）。听他讲日本人，真是入木三分。远在九州，未曾谋面的龙升先生，熟知日本历史、民俗，亦多有示教。

还有我中日两边的学生们，他们告诉了我作为非日本人几乎不可能了解的日本人的内心，为我指出了久违的中国年轻人与我之间的代沟。本书杀青前，还有不少学生通读了书稿，提出了他们的意见和看法。由于没有得到学生们的同意，这里各取他们称呼中的一个字，以表谢意：雪、鸽、一、方、心、狼、切……。

让女儿马维给“马话”配画的设想，是从她给我自编的初级汉语教材插图而来。她自两岁来到日本，大人很少有时间陪她。她也不闹，就自己看书看电视，当然都是绘本、漫画、动漫。而且往往一边看一边在纸上划拉着什么。我搞翻译，家里到处是纸。但不知为什么她却都是画在废纸上，从来没有用错过纸。搬家时，在桌子背面，犄角旮旯，发现了她的各种“作品”：小人、虫子、妖怪……当时哭笑不得，但后来却可惜没拍下照片来。

编好的教材，试着让她插图，没想到她往往不是循内容图解，而是用一个小女孩的眼光，把人物表现得稚嫩而顽皮。我也就这么用在教材上了。日本学生看到，大呼有趣，甚至上课不看文字内容，只埋头给插画上色……

原来，日本的小学，是有专供乱写乱画的“涂鸦本”发给学生的。

本书的稿子连载时，我设想的专栏名称是“东瀛尴尬记”，但她说：什么“尴尬”不“尴尬”，谁懂？“用‘马话日本’

不好吗？”就此定了下来。

她当时画插画已可信手拈来。每次我都只将文字稿给她，不对插画作任何要求。而她画出来的，不是对文章的单纯图解，而是以她特有的观察角度和形象思维，来表达自己对同一话题的独特看法。想来，不光是孩提时期的种种印象，就在她回国完成从小学到大学的学业期间，也一直没有放弃过对日本的观察和思考。

更可贵的是，她插画的戏谑、调侃风格，并没有随着之后接受正规的美术教育而磨灭。每回发来的配画画稿，都让我忍俊不禁，而其中的“笑点”，也许只有我们父女之间才能真正明白吧。

《马话日本》历经十年，终于付梓。2008 年，我的记者前辈张焕利把我介绍给《国际先驱导报》编辑张威威。她读了我的三篇样稿，当场决定设专栏连载。现在书中有六十余篇，就是当年开始作为专栏于《国际先驱导报》上连载的。向张威威编辑和“导报”陈浩主编及有关人致谢！连载过的稿子，能查实的，都在文后标明发表日期。除错别字，基本按原稿刊出。

“马话”专栏曾有结集出版的计划，因故未果。去年，此稿得我大学同学解玺璋推荐给东方出版社陈卓先生，得到他的首肯，甚为欣喜。记得与陈卓先生初次见面，谈及每篇都将有配画时，他悄悄问我：马维是您女儿吧？才知道其实陈卓先生早就认识马维，看稿子时就在猜测笔者可能就是马维的父亲。

陈卓先生觉得，既发表的六十几篇，成书稍嫌不足，嘱补至八十一篇。至于“八十一”的理由，至今不明（苦笑）。

向解玺璋和陈卓先生，还有刘太刚先生，以及为本书的编辑、设计、出版付出辛劳的各位，谨致谢意！

开始执笔至今，已十年之久，当时的心境已经很难找回，日本和日本人的现状，亦不可同日而语。前后有不连贯以及重复、矛盾之处，只好请读者原谅了。

当时的理解有误，或时过境迁的，另加注说明。每篇正文整一千字（用 Word 计算，含标点符号），是我给自己定的规矩。

感谢老友《凤凰卫视》评论员何亮亮和老同学解玺璋，

应允为本书作序。

恐挂一漏万，在此向直接、间接帮助、指教过我的各位，一并致谢！

马　挺

2017 年 5 月 17 日

图书在版编目（CIP）数据

马话日本 / 马挺 著；马维插图. — 北京：东方出版社，2017.7
ISBN 978-7-5060-9827-4

Ⅰ. ①马…　Ⅱ. ①马…②马…　Ⅲ. ①日本人—民族文化—研究　Ⅳ. ①C955.313

中国版本图书馆CIP数据核字（2017）第169758号

马话日本
（MAHUA RIBEN）

作　　者：马　挺
插　　图：马　维
责任编辑：陈　卓　闫　妮
出　　版：东方出版社
发　　行：人民东方出版传媒有限公司
地　　址：北京市东城区东四十条113号
邮　　编：100007
印　　刷：鸿博昊天科技有限公司
版　　次：2017年10月第1版
印　　次：2017年10月第1次印刷
开　　本：880毫米 × 1230毫米　1/32
印　　张：11
字　　数：150千字
书　　号：ISBN 978-7-5060-9827-4
定　　价：48.00元
发行电话：（010）85924663　85924644　85924641